ONLY GYAN

अब रहस्यों का होगा पर्दाफाश

इनविन्सेबल पब्लिशर्स

कॉपीराइट पृष्ठ

भारत में वर्ष 2019 को सबसे पहली बार प्रकाशित

ISBN: 978-93-88333-88-7

इनविन्सेबल पब्लिशर्स

201A, SAS Tower, Sector 38, Gurgaon-122003

अभिस्वीकृति

यह पुस्तक पाठकों को समर्पित करते हुए मुझे अत्यंत प्रसन्नता हो रही है। मैं उन सबका आभारी हूँ जिन्होंने इस पुस्तक को इस रूप मे लाने में मुझे सहयोग दिया। मैं अपने अनुज "प्रकाश" का आभारी हूँ जिन्होंने विभिन्न प्रकार के तथ्यों की खोज में मेरी मदद की। जीवन के प्रत्येक चरण में मुझें सहयोग देने वाले मेरे मता-पिता, मेरे गुरु और ईश्वर के प्रति मैं कृतज्ञ हूँ।

विषय सूची

ताजमहल के रहस्य

क्या आपको पता है कि ताजमहल को 50 कुओं के ऊपर बनाया गया है?

क्या आपको पता है कि ताजमहल को बनाने वाले मजदूरों ने शाहजहां से नाराज होकर ताजमहल में जानबूझकर एक बड़ी खामी कर दी थी?

इस लेख में आपको ताजमहल से जुड़े कुछ ऐसे रहस्य जनने को मिलेगें, जिन्हें जानकर आपके रोंगटे खड़े हो जाएंगे।

ऐसा माना जाता है कि ताजमहल का निर्माण सन् 1632 में शुरू हुआ था। साल 1653 में यह बनकर तैयार हुआ और इसे आज भी निर्माण कुशलता का एक विशाल नमूना कहा जाता है। शोधकर्ताओं ने इस पर कई शोध किए और उनका मानना है कि ताजमहल के नीचे हजार से भी ज्यादा कमरे हैं उनका मानना है कि ताजमहल जितना ऊंचा है यह धरती की अंदर उतनी ही गहराई तक बनाया गया है। जिस जमाने में ताजमहल को बनाया गया था, उस जमाने में किले से बाहर निकलने के लिए कई रास्ते बनाए जाते थे। ऐसा ही ताजमहल के अंदर भी है। इसके नीचे से एक रास्ता भी है, जो कहीं बाहर निकलता है। लेकिन ताजमहल के रहस्यमयं तहखानों की तरह उस रास्ते को भी शाहजहां के समय से ही बंद करवा दिया गया। आपको यह जानकर जरूर हैरानी होगी कि ताजमहल का रंग भी बदलता है। दिन के अलग-अलग पहर के हिसाब से ताजमहल भी अपना रंग बदलता रहता है। सुबह देखने पर यह गुलाबी दिखता

है, शाम को दुधिया सफेद और चांदनी रात में सुनहरा दिखाई देता है। ऐसा सफेद संगमरमर पर सूरज और चांद की रोशनी पढ़ने के कारण होता है।

ऐसा कहा जाता है कि ताजमहल के निर्माण के वक्त भूत और जिन्न इसकी नींव नहीं रखने देते थे। वह बार-बार इसे ध्वस्त कर देते थे और कारीगरों को डरा कर भगा देते थे ऐसे में शाहजहां ने भूत और जिन को वहां से भगाने के लिए इमाम की राय ली। इमामों ने शाहजहां को अरब में बुखारा शहर के पीर हज़रत अहमद बुखारी को बुलाने का सुझाव दिया था। तब बादशाह के बुलाने पर पीर अपने चार भाइयों और सैकड़ों सहायकों के साथ आगरा आए, चारों पीर बंधुओं ने आगरा में ताजमहल की नींव परिसर में घुसकर कुरान के कलमें पड़े थे। इसके बाद शाहजहां के हाथों नीव रखवा कर ताजमहल को बनवाने का काम शुरू करवाया था, तब कहीं जाकर इसका निर्माण शुरू हो सका। इन चार पीर बंधुओं की मज़ार ताजमहल के चारों ओर बनी हुई है माना जाता है कि जब तक यह मजार यहां पर है ताजमहल को कोई हानि नही होगी।

सन् 1934 में दिल्ली के एक निवासी ने दीवार पर एक छेद के ज़रिए ताजमहल के तहखाने के अंदर जो कमरे थे, उसमें झांक कर देखा था। उस आदमी ने देखा वह कमरा स्तंभों से बना हॉल था और वह सभी स्तंभ हिंदू देवी- देवताओं की मूर्तियों से भरे पड़े थे। उस आदमी के अनुसार कमरे में रोशनदानियां बनी हुई थी जो आम तौर पर बड़े हिंदू मंदिरों में देखने को मिलती हैं। इन रोशनदानियों को संगेमरमर के पत्थर से ढका गया था जिसे देखकर लगता है कि वहां पर किसी ने हिंदू मंदिर को छुपाने का प्रयास किया था। वहां के स्थानीय लोगों का भी मानना है कि ताजमहल पहले एक हिंदू मंदिर था जो तेजीमहल नाम से प्रसिद्ध था। बाद में इसे ताजमहल का रूप दे दिया गया परंतु सच्चाई क्या है यह आज भी किसी को नहीं पता। भारतीय पूर्वत्तक संवेक्षण में 22 कमरों को

इसलिए बंद कर रखा है ताकि इन कमरों के अंदर छुपी हुए सच्चाई के चलते भविष्य में दंगे ना हो।

सबसे मजेदार बात तो यह है कि कुतुबमीनार नामक जिस इमारत को हम सबसे ऊंची इमारत कहते हैं, ताजमहल उस से भी ऊंचा है। कुतुबमीनार को देश की सबसे ऊंची इमारत कहा जाता है, लेकिन इसकी ऊंचाई ताजमहल के सामने छोटी पड़ जाती है। सरकारी आंकड़ों के अनुसार ताजमहल कुतुब मीनार से 5 फीट ज्यादा ऊंचा है।

ताजमहल को देखने के लिए 1 दिन में सबसे ज्यादा भीड़ इकट्ठी होती है। पूरी दुनिया में कोई ऐसी दूसरी इमारत नहीं है जहां 1 दिन में इतने सैलानी इकट्टे होते हो। ताजमहल को देखने के लिए पूरी दुनिया से 12000 के आसपास सैलानी हर रोज आगरा की ओर रवाना होते हैं।

क्या आप शाहजहां के उस सपने के बारे में जानते हैं जो उन्होंने अपनी बेगम मुमताज महल के लिए नहीं बल्कि अपने लिए देखा था। काले ताजमहल का सपना। शाहजहां चाहते थे की मुमताज के लिए बने सफेद ताजमहल के बाद वह अपने लिए काला ताजमहल बनवाएं लेकिन जब उन्हें उनके बेटे औरंगजेब ने कैद कर लिया यह सपना हमेशा के लिए सपना बनकर ही रह गया।

यदि ताजमहल की मीनारों पर गौर किया जाए तो आप देखेंगे कि चारों मिनारे सीधी खड़ी ना होकर एक ओर झुकी हुई है। इमारतों का यह झुका हुआ निर्माण भूकंप और बिजली के दौरान मेन गुंबद पर ना गिरने के लिए किया गया था। कुछ लोग तो कहते हैं कि चारों मीनारे गुंबद को झुक कर सलाम कर रही हैं, इसीलिए झुकी हुई है।

कहाँ जाता है कि जिन मजदूरों ने ताजमहल को बनाया था शाहजहां ने उनके हाथ कटवा दिए थे, लेकिन इतिहास में वापस लौटा जाए तो ताजमहल के बाद भी कई इमारतों को बनवाने में उन लोगों ने अपना योगदान दिया था, जिन्होंने ताजमहल बनाया था। उस्ताद अहमद लाहौरी उसका दल का हिस्सा थे जिन्होंने ताजमहल जैसी भव्य इमारत का निर्माण किया था और उस्ताद अहमद की देखरेख मे ही लाल किले का निर्माण कार्य शुरू हुआ था।

कहा जाता है कि ताजमहल शाहजहां ने नहीं बल्कि समुद्रगुप्त ने बनवाया था। जिस जगह पर हम आज की तारीख में ताजमहल जैसी भव्य इमारत को देख पा रहे हैं वहां पहले शिव मंदिर था। जिसका नाम तेजोमहालय था और उसकी छत से टपकने वाला पानी शिवजी के षिवलिंग पर बूंद-बूंद करके टपकता था। इसके पीछे की एक कहानी यह भी है कि शाहजहां ने सभी मजदूरों के हाथ काट दिए जाने की घोषणा की ताकि भविष्य में कोई ऐसी और इमारत ना बना सके। तो मजदूरों ने इसकी छत पर एक छेद छोड़ दिया ताकि शाहजहां का खूबसूरत सपना पूरा ना हो सके।

ताजमहल के कैंपस में लगे सारे फव्वारें एक साथ ही काम करते हैं और सबसे आश्चर्य में डाल देने वाली बात यह है कि ताजमहल में लगा हुआ कोई भी फव्वारा किसी पाइप से जुड़ा हुआ नहीं है, बल्कि हर बाड़ी के नीचे तांबे का टैंक बना हुआ है जो एक ही समय पर भरता है और दबाव बनने पर एक साथ काम करता है।

यह तो सभी जानते की मुमताज शाहजहां की पत्नी थी, लेकिन शायद ही कोई जानता हो कि, वह उनकी तीसरी पत्नी थी। शाहजहां की चौदहवीं संतान को जन्म देते समय उनका निधन हो गया था और उनकी याद में ही शाहजहां ने ताजमहल बनवाया।

ताजमहल को लेकर एक नई कौस्पीरेसी थ्योरी सामने आ रही है। जिसके अनुसार ताजमहल के नीचे के तहखाने में कीमती खजाने हो सकते हैं क्योंकि मेटल डिटेक्टर से इनके नीचे कई तरह के ख़जाने होने की पुष्टि हुई है। लेकिन आर्किऑलाजिस्ट् का यह मानना है कि इसके अंदर कई ऐसे ऐतिहासिक दस्तावेज भी हो सकते है जो हमारे इतिहास तक को बदल सकते हैं। इन तहखानों की खोज की खबरें तो बहुत आई लेकिन कभी इन्हें खोला नहीं जा सका। इनमें से कई दरवाजे तो खोले गए, लेकिन बाद में उन्हें बंद कर दिया गया।

आज सभी लोग सेल्फी के दीवाने हैं। लेकिन जॉर्जी नामक इस व्यक्ति ने फिस आई लैंस की मदद से उस समय यह सेल्फी ली थी जब सेल्फी का दौर ही नहीं था। यानी ताजमहल के साथ पहली सेल्फी जॉर्जी ने ली थी।

यह थे दुनिया की सबसे बेहतरीन इमारत ताजमहल के साथ जुड़े कुछ इंटरेस्टिंग फैक्ट जिन्हें बहुत कम लोग ही जानते हैं।

कैलाश पर्वत के 5 रहस्य

अपने आश्चर्यजनक रहस्य और रोमांच के कारण हिमालय सदियों से लोगों को अपनी ओर आकर्षित करता रहा है। हिमालय में ऐसे अनेकों पर्वत हैं जो अपने अनसुलझे रहस्यों के कारण पूरी दुनिया में जाने जाते हैं। इन्हीं पर्वतों में से एक पर्वत है कैलाश पर्वत। कैलाश पर्वत एक ऐसा पर्वत है जिसका रहस्य सदियों से लोगों और वैज्ञानिकों के लिए आश्चर्य का विषय रहा हैं। ऐसा भी कहा जा सकता है कि कैलाश पर्वत दुनिया का सबसे रहस्यमयं पर्वत है। जिसे अलौकिक और अप्राकृतिक शक्तियों का भंडार माना जाता हैं। भगवान शिव का निवास माना जाने वाला कैलाश पर्वत अद्भुत आचार्य से भरा हैं। कैलाश केवल एक तीर्थ स्थल ही नहीं बल्कि लोगों की आस्था का प्रतीक भी है, इसीलिए हर व्यक्ति यही चाहता है कि वह अपने जीवन की अंतिम सांस से पहले एक बार कैलाश मानसरोवर की यात्रा जरूर कर ले। कैलाश पर्वत सदियों से एक तीर्थ स्थल रहा है यह पर्वत केवल हिंदू धर्म में ही नहीं बल्कि बौद्ध और जैन धर्म में भी परम पवित्र माना जाता हैं। हिंदू पौराणिक कथाओं में कैलाश का जिक्र अनेकों बार हुआ है मेघदूत में कालिदास ने कैलाश का वर्णन कुछ इस प्रकार किया है।

‘हे मेघ आगे जाकर कैलाश पर्वत पर पहुंचना जिसके प्रांत रावण ने हिला दिए थे और जो देवांगनाओं के दर्पण के समान है यह पर्वत अपने शिखरों को

आकाश में फैलाए हुए हैं और इसे देखकर ऐसा लगता है जैसे भगवान शिव के प्रतिदिन का अठठाहास एक स्थान पर इकट्ठा हो गया हो।'

भारत में आर्यों के आगमन काल से ही तिब्बत और विशेषकर कैलाश मानसरोवर प्रांत हिंदू पुराणों में हिमालय के अंश रूप में वर्णित हैं। रामायण और महाभारत में विशेष रूप से सकंद पुराण के मानस खंड़ में और साधारणतः सभी पुराणों में मानसरोवर का महत्व वर्णित है। भगवत गीता में भी कैलाश भगवान की विभूतियों में वर्णित हैं। एक पौराणिक कथा के अनुसार एक बार लंका नरेश रावण ने लगातार कई वर्षों तक कैलाशपति शंकर की घोर तपस्या की उसके बाद भी जब वह प्रसन्न न हुए और उसे दर्शन नहीं दिए इस पर रावण एक दिन कैलाश पर्वत के नीचे घुसा और चाहा की कैलाश को जोर से हिला दे, ताकि शिव अपनी समाधि से उठकर उसे वरदान दें। उसके इस उद्देश्य को पहले से ही जानकर भगवान शिव ने रावण को कैलाश के नीचे दबा दिया जिससे कि वह बाहर न निकल सके। तब रावण ने 10 सिर में से एक सिर को काट कर उसका सितार बनाया और भगवान शिव के परम प्रिय नृत्य 'तांडव' रच कर गाना बजाने लगा। इस बात से प्रसन्न होकर भगवान शिव ने रावण को वरदान दिया था।

इस लेख में आप कैलाश पर्वत से जुड़े कुछ ऐसे रहस्य जानेगें, जिसको आज का विज्ञान भी सुलझाने में असमर्थ है। परम पवित्र 'कैलाश' पर्वत की ऊंचाई माउंट एवरेस्ट से लगभग 2000 मीटर कम है लेकिन यह बड़े आश्चर्य की बात है कि आज तक कोई इंसान कैलाश पर नहीं चढ़ पाया और जिसने भी चढ़ने की कोशिश की उसकी मृत्यु हो गई जबकि माउंट एवरेस्ट पर कई बाहर चढ़ाई की जा चुकी है। दूर से देखने पर यह पर्वत एक विराट शिवलिंग की तरह दिखता है जिस पर सालभर बर्फ की एक सफेद चादर लिपटी रहती है। एक पर्वतारोही

ने अपनी किताब में लिखा है कि इस पर्वत पर चढ़ना असंभव है वहां किसी अनजान वजह से दिशा भ्रम होता है और दिशा का ज्ञान नहीं रहता। वहां पर मैग्नेटिक कंपास भी धोखा देने लगते हैं। शरीर के बाल और नाखून भी ज्यादा तेजी से बढ़ने लगते हैं और वह जगह बहुत ज्यादा रेडियो एक्टिव है। वैसे तो कैलाश पर्वत पर अब तक कोई नहीं चढ़ पाया लेकिन कहा जाता है कि 11 वीं सदी में तिब्बती बौद्ध योगी मीलारइप्पा ने इस पर चढ़ाई की थी। यह बात भी बड़े आश्चर्य की है जब आज के आधुनिक टेक्नोलॉजी का इस्तेमाल करके इस पर्वत पर चढ़ पाना असंभव है तो 11 वीं सदी में बौद्ध योगी मीलारइप्पा इस पर चढ़ने में कैसे सफल हो पाए?

कैलाश पर्वत की चार दिशाओं से 4 महान नदियां सिंधु, ब्रह्मपुत्र, सतलज और घाघरा निकलती है कैलाश पर्वत के पास ही 2 झीलें हैं। पहला मानसरोवर जो दुनिया की शुद्ध पानी की उच्चतम झीलें में से एक है और जिसका आकार सूर्य के समान है और दूसरी राक्षस झील जो दुनिया के खारे पानी की उच्चतम झीलों में से एक है और जिसका आकार चंद्रमा के समान है। मानसरोवर झील, राक्षस झील यह दोनों झीलें सूर्य और चंद्र को प्रदर्शित करते हैं जिसका संबंध सकारात्मक और नकारात्मक ऊर्जा से है। मानसरोवर और राक्षस झील को मिलाने वाली नदी का नाम गंगा छू है यह एक तिब्बती नाम है। राक्षस ताल और गंगा छू के बारे में तिब्बती पौराणिक गाथा कुछ इस प्रकार है। पूर्व काल में राक्षसों का निवास स्थान होने के कारण राक्षस झील का जल कोई नहीं पीता था। एक समय मानसरोवर की दो सुनहरी मछलियां आपस में लड़कर एक दूसरे का पीछा करती हुई राक्षस ताल में जा पड़ी, उनके जाने वाले मार्ग का नाम ही गंगा छू है उसी समय से मानसरोवर का जल राक्षस सरोवर में जाने लगा और तभी से वह पवित्र माना जाने लगा और लोग उसका जल पीने लगे लेकिन यह

वैज्ञानिकों के लिए अभी तक एक रहस्य है कि यह झीलें प्राकृतिक तौर पर निर्मित हुई है या ऐसा इन्हें बनाया गया है।

मानसरोवर झील लगभग 320 किलोमीटर क्षेत्र में फैली हुई है। इसके उत्तर में कैलाश पर्वत और पश्चिम में राक्षस झील है। संस्कृत शब्द मानसरोवर, मानस तथा सरोवर से मिलकर बना है इसका शाब्दिक अर्थ है मन का सरोवर। कहते हैं कि मानसरोवर झील वह झील है जहां माता पार्वती आज भी स्नान करती हैं। वैज्ञानिक कहते हैं कि यह अभी तक रहस्य है कि यह झीलें प्राकृ- तिक तौर पर निर्मित हुई है या इन्हें ऐसा बनाया गया है। हालांकि पुराणों के अनुसार समुद्र तल से 17000 फीट की ऊंचाई पर स्थित 300 फुट गहरे मीठे पानी की इस झील की उत्पत्ति भागीरथी की तपस्या से भगवान शिव के प्रसन्न होने पर हुई थी। पुराणों के अनुसार भगवान शंकर द्वारा प्रकट किए गए जल वेग से जो झील बनी थी बाद में उसी का नाम मानसरोवर हुआ। मान्यता है कि कोई व्यक्ति मानसरोवर में एक बार डुबकी लगा ले तो वह रूद्र लोक पहुंच सकता है। मानसरोवर पहाड़ों से घिरी झील है जिसे पुराणों में छीर सागर कहते हैं। ऐसा माना जाता है कि महाराज मधांन्ता ने मानसरोवर झील की खोज की और कई वर्षों तक इसके किनारे तपस्या की थी जोकि इन पर्वत की तलहटी में स्थित है।

कैलाश पर्वत के अद्भुत आकार को देखकर वैज्ञानिक यह अनुमान लगा रहे हैं कि यह कोई पर्वत नहीं बल्कि एक बहुत बड़ा मानव निर्मित पिरामिंड है। कैलाश पर्वत के आकार का अध्ययन कर रहे वैज्ञानिकों का कहना है कि यह कैलाश कोई साधारण पिरामिंड नहीं है बल्कि यह दुनिया का सबसे विशालकाय पिरामिंड है जो 100 छोटे-छोटे पिरामिड से घिरा हुआ है और जो पारलौकिक गतिविधियों का केंद्र है यही नहीं यह गीजा और मैक्सिको के पिरामिंड से भी जुड़ा हुआ है अगर यह वैज्ञानिकों की शोध सही है तो मानव

इतिहास को दोबारा लिखना पड़ेगा क्योंकि आज की टेक्नोलॉजी का इस्तेमाल कर के भी इतने बड़े पिरामिंड को हजारों सालों में बना पाना असंभव है।

वैज्ञानिकों के अनुसार कैलाश पर्वत धरती का केंद्र है धरती के एक और उत्तरी ध्रुव है और दूसरी और दक्षिणी धुरव दोनों के बीचों बीच स्थित हिमालय केंद्र हैं। कैलाश पर्वत और मानसरोवर के बारे में वैज्ञानिक मानते हैं कि भारतीय उपमहाद्वीप के चारों ओर फैले समुद्र तथा इसके के टकराने से हिमालय का निर्माण हुआ। एक्सेस मुंडी को ब्रह्मांड का केंद्र माना जाता है रूस के वैज्ञानिकों के अनुसार ऐक्सेस मुंडी ही वह स्थान है, जहां अलौकिक शक्ति का प्रवाह होता है और आप उन शक्तियों के साथ संपर्क कर सकते हैं। कैलाश पर्वत और उसके आसपास के वातावरण का अध्ययन कर चुके रूस के वैज्ञानिकों ने जब तिब्बत के मंदिर के धर्मगुरुओं से मुलाकात की, तो उन्होंने बताया कि कैलाश पर्वत के चारों ओर एक अलौकिक शक्ति का प्रवाह है जिसमें तपस्वी आज भी आध्यात्मिक गुरुओं के साथ टेलीपैथी संपर्क करते हैं।

ऐसा माना जाता है कि कैलाश मानसरोवर उतना ही प्राचीन है जितनी प्राचीन यह सृष्टि है। अगर आप कैलाश पर्वत के पास मानसरोवर झील के क्षेत्र में जाएंगे तो आपको निरंतर एक आवाज सुनाई देगी ध्यान से सुनने पर आपको ऐसा लगेगा जैसे कोई डमरु बजा रहा हो। इस जगह पर प्रकाश और ध्वनि तरंगों का मेल इस तरह होता है, जब मानसरोवर झील के ऊपर से हवा गुजरती है तो वहां से ओम की ध्वनि निकलती है। ऐसा भी कहा जाता है कि कई बार कैलाश पर्वत पर सात तरह की प्रकाष लाईनें आसमान पर चमकती हुई देखी गई हैं। नासा के वैज्ञानिकों का ऐसा मानना है कि हो सकता है यहां के चुंबकीय बल शक्तियों के कारण ऐसा होता हो यहां का चुंबकीय बल आसमान में मिलकर कई इस तरह की चीजों का निर्माण कर सकता है।

इस पावन स्थल को भारतीय दर्शन के हृदय की उपमा दी जाती है जिसमें भारतीय सभ्यता की झलक प्रतिलिप्त होती है कैलाश पर्वत की तलहटी में एक वृक्ष लगा हुआ है। बौद्ध धर्मावलंबियों के अनुसार इसके केंद्र में एक वृक्ष है, जिससे सभी प्रकार के शारीरिक और मानसिक रोगों का उपचार हो सकता है।कैलाश केवल हिंदू धर्म में ही नहीं बल्कि बौद्ध और जैन धर्म में भी पवित्र माना गया है। बौद्ध धर्मावलंबियों का मानना है कि उन्हें इस स्थान पर आकर उन्हें निर्वाण की प्राप्ति होती है। यह भी कहा जाता है कि भगवान बुद्ध की माता ने यहां यात्रा की थी जैन धर्म में यह मान्यता है की आदिनाथ ऋषभदेव ने यहां निर्वाण प्राप्त किया था। जैन धर्म के लोग इसे अष्टपद कहते हैं। कहते हैं कि ऋषभदेव ने 8 पद में कैलाश यात्रा की थी। हिंदू धर्म के अनुयायियों का मानना है कि कैलाश पर्वत मेरु पर्वत है जो ब्रह्मांड की धूरी है और यह भगवान शंकर का प्रमुख निवास स्थान है यहां देवी सती के शरीर का दाना हाथ गिरा था, इसीलिए यहां एक पाषाण शिला को उसका रूप मानकर उनकी पूजा की जाती है।

यहां शक्तिपीठ हैं। कुछ लोगों का यह भी मानना है कि गुरु नानक देव ने भी यहां कुछ दिन ध्यान किया था इसलिए सिख धर्म में भी यह एक पवित्र स्थान माना जाता है।

ये थे भगवान शिव के कैलाश से जुड़े 5 अनसुलझे और अद्भुत रहस्य इन रहस्यों के पीछे का कारण कोई नहीं जान सका है। जिससे यह पता चलता है कि कैलाश पर्वत के पास अलौकिक शक्तियां हैं जो विज्ञान से परे हैं। कैलाश मानसरोवर के पीछे की कहानी जो भी हो या जो भी उसका रहस्य हो, लेकिन इसमें किसी को शक नहीं कि यह जगह बेहद पावन शांत और शक्ति देने वाली

हैं। आप चाहे किसी भी धर्म में आस्था रखते हो, सच तो यही है इस जगह पर स्वंम बहुत श्रद्धा से सिर झुक जाता हैं।

5 रहस्यमयं शिवलिंग

पूरी दुनिया में करोड़ों शिवलिंग मौजूद हैं सभी की अपनी मान्यता और महत्व है। कुछ शिवलिंग अपने इतिहास के कारण प्रसिद्ध हैं तो कुछ अपने से जुड़े चमत्कारों के कारण इस लेख में आपको भारत के ऐसे पांच चमत्कारी शिवलिंग के बारे में जानने को मिलेगा, जहां रोज चमत्कार देखने को मिलता है और इन शिवलिंगों के पीछे के चमत्कारों और रहस्य विज्ञान के लिए भी एक रहस्य है।

'भूतेश्वर महादेव' (छत्तीसगढ़) भगवान शिव के 12 ज्योति लिगों की तरह छत्तीसगढ़ में एक अर्थनातेश्वर प्राकृतिक शिवलिंग 'भूतेश्वर महादेव' के नाम से विख्यात हैं। इस शिवलिंग की लंबाई हर साल बढ़ती जा रही है। रायपुर से 90 किलोमीटर दूर गरियाबंद के घने जंगलों में यह शिवलिंग स्थापित हैं, यहां हर वर्ष सावन में भव्य मेले का आयोजन किया जाता है इसमें दूरदराज से भक्त आकर महादेव की आराधना करते हैं। इसे 'भुरभुरा महादेव' के नाम से भी जाना जाता है। मान्यता यह है हर साल यह शिवलिंग 6 से 8 इंच तक बढ़ जाता है कहते हैं कि यहां पर भक्तों की सारी मनोकामनाएं जरूर पूरी होती हैं। मनोकामना पूरी होने पर दोबारा यहां पर आकर भगवान को धन्यवाद करने की परंपरा है। वहां के गांव के लोग बताते हैं कि पहले यह शिला छोटे रूप में था धीरे-धीरे इसकी ऊंचाई और गहराई बढ़ती गई जो आज भी जारी है। शिवलिंग में एक प्राकृतिक रूप से जल लहरी भी दिखाई देती है जो धीरे-धीरे जमीन के

ऊपर आती जा रही है। यही स्थान आज 'भूतेश्वर या भुरभुरा महादेव' के नाम से जाना जाता है। यह विश्व का एक अनोखा महान और विशाल शिवलिंग है जो जमीन से लगभग 55 फीट ऊंचा है और इसका आकार लगातार बढ़ता ही जा रहा है।

'मृदेश्वर महादेव' गुजरात के गोधरा में स्थित मृदेश्वर महादेव के बढ़ते हुए शिवलिंग के आकार को प्रलय का संकेत माना जाता है। इस शिवलिंग के विषय में मान्यता है कि जिस दिन शिवलिंग का आकार साड़े 8 फुट का हो जाएगा, उस दिन यह मंदिर की छत को छू लेगा। जिस दिन ऐसा होगा उसी दिन महाप्रलय आ जाएगी। शिवलिंग को मंदिर की छत छूने में लाखां बरस लग सकते हैं, क्योंकि शिवलिंग का आकार 1 वर्ष में एक चावल के दाने के बराबर बढ़ता है। 'मृदेश्वर शिवलिंग' की विशेषता यह है कि इसमें से प्राकृतिक रूप से जल की धारा निकलती रहती है जो शिवलिंग का अभिषेक कर रही है। इस जलधारा में गर्मी एवं सूखे का कभी कोई प्रभाव नहीं पड़ता और यह लगातार बहती रहती है।

'झारखंडी शिवलिंग' गोरखपुर से 25 किलोमीटर दूर खजनी कस्बे के पास झारखंडी शिवलिंग स्थापित है। मान्यता है कि यह शिवलिंग कई सौ साल पुराना है और यहां पर यह स्वयं ही प्रकट हुआ था। यह शिवलिंग हिंदुओं के साथ मुस्लिमों के लिए भी उतना ही पूजनीय हैं क्योंकि इस शिवलिंग पर कलमा लिखा हुआ है। लोगों के अनुसार मोहम्मद गजनवी ने इसे तोड़ने की कोशिश की थी मगर वह सफल नहीं हो पाया। इसके बाद उसने इस पर उर्दू में एक कलमा लिखवा दिया, ताकि हिंदू इसकी पूजा नहीं करें। तब से आज तक इस शिवलिंग का महत्व बढ़ता गया और हर साल सावन के महीने में यहां हजारों भक्त पूजा अर्चना करते हैं। आज यह मंदिर सांप्रदायिक सौहार्द की मिसाल बन

गया है क्योंकि हिंदुओं के साथ-साथ रमजान में मुस्लिम भी यहां आकर इबादत करते हैं। लोगों का मानना है कि इतना विशाल स्वम शवलिंग पूरे भारत में सिर्फ यहीं पर है। भगवान शिव के दरबार में जो भी भक्त आकर श्रद्धा से कामना करता है उसे भगवान शिव जरूर पूरी करते हैं।

'मध्यप्रदेश के खजुराहो का 'मंगतेश्वर शिवलिंग' काफी प्रसिद्ध है जिसके बारे में मान्यता है कि भगवान श्री राम ने यहां पूजा की थी। 18 फीट के शिवलिंग के बारे में कहा जाता है कि हर साल यह तिल के आकार में बढ़ रहा हैं। मध्यप्रदेश में कुछ ऐसे मंदिर हैं जिनकी परंपराएं रोचक तो है ही यह श्रद्धालुओं को भी चौकाती हैं। खजुराहो के मंदिर वैसे तो दुनिया भर में अपनी कलाकृतियों के लिए प्रसिद्ध हैं लेकिन मंगतेश्वर शिव मंदिर आस्था का बड़ा केंद्र है। यह एक ऐसा मंदिर है जहां प्राचीन समय से लगातार पूजा होती चली आ रही है।यही कहा जाता है कि चंदेल राजाओं द्वारा 19वीं सदी में बनाए गए इस मंदिर में स्थापित शिवलिंग के नीचे एक ऐसी मणि है जो हर मनोकामना पूरी करती है। प्राचीन मान्यताओं के अनुसार कभी यहां भगवान राम ने पूजा की थी। शिवरात्रि के दिन यहां शिव भक्तों की भीड़ लगी रहती है। खजुराहो के सभी मंदिरों में यह सबसे ऊंचामंदिर है जहां आने वाला हर कोई भक्ति में विलीन हो जाता है चाहे वह हिंदुस्तानी हो या विदेशी।

'तिलभांडेश्वर' (काशी) शिव की नगरी काशी के कण-कण में शिव का वास है। यहां भगवान शिव के अनेकों रूप हैं। शिव ही यहां के आराध्य हैं और शिव ही लोगों की रक्षा और भरण-पोषण करते हैं। शिव के इस आनंदवन में शिव के चमत्कारों की कोई कमी नहीं,यहां बाबा भैरव रूप में रक्षा करते हैं। तो 'ज्योतिर्लिंग' काशी विश्वनाथ तारंक मंत्र से ताड़ते हैं। इन रूपों के अलावा महादेव का एक और रूप है जो काशी में वास करता है और हर साल अपनी

उपस्थिति से सबको आश्चर्य में डालता है। इन्हें 'तिलभांडेश्वर' के नाम से जाना जाता है जो हर साल एक तिल के बराबर बढ़ते हैं। तिलभांडेश्वर शिवलिंग का आकार काशी के 3 सबसे बड़े शिव लिंगों में से एक है और हर वर्ष में तिल भर की वृद्धि होती है इस शिवलिंग के बारे में कहा जाता है कि प्राचीन काल में इस क्षेत्र की भूमि पर तिल की खेती होती थी। एक दिन अचानक तिल के खेतों के मध्य में शिवलिंग उत्पन्न हो गया। जब इस शिवलिंग को स्थानीय लोगों ने देखा तो पूजा अर्चना करने के बाद तिल चढ़ाने लगे। मान्यता है कि तभी से इसे तिलभांडेश्वर कहा जाता है। ऐसा भी कहा जाता है कि मुस्लिम शासन के दौरान मंदिरों को ध्वस्त करने के क्रम में तिलभांडेश्वर को भी नुकसान पहुंचाने की कोशिश की गई थी। मंदिर को तीन बार मुस्लिम शासकों ने ध्वस्त करने के लिए सैनिकों को भेजा, लेकिन हर बार कुछ ना कुछ ऐसा घट गया कि सैनिकों को मुंह की खानी पड़ी। अंग्रेजी शासन के दौरान एक बार ब्रिटिश अधिकारीयों ने शिवलिंग के आकार में बढ़ोतरी को परखने के लिए उसके चारों और धागा बांध दिया जो अगले दिन ही टूटा हुआ मिला। कई जगह उल्लेख मिलता है कि माता शारदा इस स्थान पर कुछ समय के लिए रुकी थी, तभी से आस्था और गहरी हो गई। समय बीतता गया और बाबा हर साल बढ़ते गए। तीर्थवाषियों के मुताबिक भगवान शिव का यह लिंग मकर सक्रांति के दिन एक तिल के आकार में बढ़ता है जिसका जिक्र शिव पुराण में भी मिलता है। मंदिर का निर्माण सैकड़ों वर्ष पहले हुआ था। भगवान शिव के इस शिवलिंग के रहस्य को आज तक कोई वैज्ञानिक भी सुलझा नहीं सका है।

यह थे भगवान शिव के पांच ऐसे चमत्कारी शिवलिंग जो विज्ञान के लिए चुनौती हैं आज भी इन शिव लिंगों के देखने के बाद विज्ञान भी आध्यात्म के आगे नतमस्तक हुआ लगता है।

भारत के 7 रहस्यमयं स्थान

भारत यूं तो अनेकताओं से भरा देश है लेकिन इस धरती पर कई ऐसी जगह हैं जो आश्चर्यचकित करने के साथ-साथ डराती भी हैं इन जगहों पर छुपे रहस्यों का अभी तक खुलासा नहीं हो सका है। रहस्य भी ऐसे हैं जिन पर एक बार विश्वास करना भी मुश्किल होता है। इनमें से कई स्थान ऐसे हैं जो विज्ञान को भी चुनौती देते हैं। पौराणिक मान्यताएं हैं या प्रकृति की अनूठी रचना इन स्थानों को देश के रहस्यमयं स्थानों में गिना जाता है। समय-समय पर इन की चर्चाएं भी होती हैं लेकिन आखिरकार नतीजा कुछ नहीं निकलता। वास्तविक सच अनसुलझा ही रहता है तो आइए जानते हैं भारत की कुछ ऐसी ही रहस्यमयं जगहों के बारे में जो विज्ञान के लिए एक चुनौती हैं।

वृंदावन का रहस्यमयं मंदिर, अपने आप में आज भी रहस्य समेटे हुए हैं। मान्यता है कि भगवान श्री कृष्ण और राधा आज भी यहां आधी रात को आते हैं और निधि वन के परिसर में स्थापित रंग महल में सैर करते हैं। रंग महल में आज भी प्रसाद के तौर पर माखन रोज रखा जाता है और सोने के लिए पलंग भी लगाया जाता है। सुबह जब आप इन स्तरों को देखेंगे तो साफ पता चलेगा कि रात को जरूर यहां कोई सोया है और प्रसाद भी ग्रहण कर चुका है इतना ही नहीं अंधेरा होते ही इस मंदिर के दरवाजे अपने आप बंद हो जाते हैं। इसलिए मंदिर के पुजारी अंधेरा होने से पहले ही मंदिर में पलंग और प्रसाद की व्यवस्था कर देते हैं। मान्यताओं के अनुसार यहां रात के समय कोई नहीं रहता। इंसान तो छोड़िए

पशु-पक्षी भी नहीं। ऐसा बरसों से लोग देखते आए हैं लेकिन रहस्य के पीछे का सच धार्मिक मान्यताओं के पीछे छूट गया है यहां के लोगों का मानना है कि अगर कोई व्यक्ति इस परिसर में रात को रुक जाता है तो वह तमाम संसारिक बंधनों से मुक्त होकर मृत्यु को प्राप्त हो जाता है।

तिब्बत का 'यम द्वार' तिब्बत के दारचीन से 30 मिनट की दूरी पर एक यमद्वार है। यह पवित्र कैलाश पर्वत के रास्ते में पड़ता है हिंदू मान्यताओं के अनुसार इसे मृत्यु के देवता यमराज के घर का प्रवेष द्वार माना जाता है। तिब्बती लोग इसे चार टैंक के नाम से जानते हैं जिसका मतलब होता है दो पैर वाला स्तूप ऐसा कहा जाता है कि यहां रात में रुकने वाला जीवित नहीं रह पाता। ऐसी कई घटनाएं भी हो चुकी हैं लेकिन इसके पीछे के कारण का खुलासा आज भी नहीं हो पाया है। साथ ही यह मंदिरनुमा द्वार किसने बनाया इसका भी कोई प्रमाण नहीं है। बहुत सारे शोध हुए लेकिन कोई नतीजा नहीं निकल सका।

'अश्वत्थामा' के अमर होने का रहस्य' आपको महाभारत का अश्वत्थामा तो याद ही होगा कहा जाता है कि अश्वत्थामा का वजूद आज भी है। दरअसल पौराणिक मान्यताओं के अनुसार अपने पिता की मृत्यु का बदला लेने निकले अष्वत्थामा को उसकी एक चूक भारी पड़ी और भगवान श्री कृष्ण ने उन्हें युगां-युगां भटकने का श्राप दे दिया। ऐसा कहा जाता है कि लगभग 5000 वर्षों से अश्वत्थामा भटक रहे हैं। मध्य प्रदेश के बिहारपुर शहर से 20 किलोमीटर दूर शीशगढ़ का किला है। कहा जाता है कि इस किले में स्थित शिव मंदिर में अश्वत्थामा आज भी पूजा करने आते हैं। स्थानीय निवासी अश्वत्थामा से जुड़ी कई कहानी सुनाते हैं। वे बताते हैं कि अश्वत्थामा को जिसने भी देखा उसकी मानसिक स्थिति हमेशा के लिए खराब हो गई, इसके अलावा कहा जाता है कि अश्वत्थामा पूजा से पहले मंदिर के इस तालाब में नहाते भी हैं। गुहारणपुर

के अलावा मध्य प्रदेश के जबलपुर शहर के गोली घाट के किनारे भी अश्वत्थामा के भटकने का उल्लेख मिलता है। स्थानीय निवासियों के अनुसार कभी-कभी वह अपने मस्तक से घाव से बहते खून को रोकने के लिए हल्दी और तेल की मांग भी करते हैं। इसके संबंध में स्पष्ट और परिमाण जानकारी आज तक किसी को नहीं मिली है।

'लोनर क्रेटर लेक' (महाराष्ट्र) यह दुनिया की सबसे बड़ी कटोरे के आकार की बनी झील है। इस खूबसूरत झील का नजारा आपको महाराष्ट्र में देखने को मिलेगा। क्रेटर एक ऐसा गड्ढा होता है जो आंतरिक विस्फोट से बन जाता है। यह लोनर क्रेटर लेक 50000 साल पुरानी है, यह झील उल्कापिंड के टकराने से बनी थी। झील के चारों ओर हरी घास होने की वजह से यह जगह शांत और मन को सुकून देने वाली लगती है। यह अकाशीय उल्कापिंड के टक्कर से बनी पहली झील है। इसका खारा पानी इस बात का प्रतीक है कि यहां कभी समुंद्र था। ऐसा अनुमान लगाया जाता है कि इसके बनते वक्त करीब 10 लाख उल्का पिंड की टक्कर हुई होगी, करीब 1.8 किलोमीटर डायमीटर की इस उल्कीय झील की गहराई लगभग 500 मीटर है। आज भी वैज्ञानिकों का इस विषय पर अध्ययन जारी है कि लौनार में जो टक्कर हुई, वह उल्कापिंड और पृथ्वी के बीच हुई या फिर कोई ग्रह पृथ्वी से टकराया था। उस वक्त वह तीन हिस्सों में टूट चुका था और उसने लोनार के अलावा अन्य दो जगह पर झील बना दी। हालांकि वह दोनों झीले पूरी तरह से सूख चुकी हैं लेकिन यह लोनार क्रेटर आज भी वैज्ञानिक के लिए एक रहस्य बना हुआ है।

मुगलराज पुरम गुफाएं आंध्र प्रदेश के विजयवाड़ा में स्थित है, जो दक्षिण भारत के लोकप्रिय पर्यटक स्थल में से एक हैं। अंडवर्ल्डइ गुफाओं के बाद विजयवाड़ा में यह सबसे खास प्राचीन स्थल है। जिसका इतिहास पांचवी शताब्दी से जुड़ा

हुआ है। चट्टानों को काटकर बनाई गई यहां की आकृति देखने लायक है। यहां कभी 3 गुफाएं हुआ करती थी लेकिन अब यहां सिर्फ एक ही सुरक्षित बची है। इन गुफाओं में प्राचीन संस्कृति और वास्तुकला देखने को मिलती हैं। यहां की 'अर्धनारेश्वर' मूर्ति देखने लायक है। इस जगह पर जाकर आप यहां के पौराणिक महत्व को समझ सकते हैं।

'बंगाल के भूतों का रहस्य' पश्चिम बंगाल के दलदली इलाकों में रहस्यमयं रोशनी देखे जाने की जानकारी मिली है।। स्थानीय लोगों के मुताबिक यह उन मछुआरों की आत्माएं हैं जो मछली पकड़ते वक्त किसी वजह से मर गए थे। लोग इन्हें भूतों की रोशनी भी कहते हैं। ऐसा भी कहा जाता है कि जिन मछुआरों को यह रोशनी दिखती है वह या तो रास्ता भटक जाते हैं या फिर ज्यादा दिन तक जिंदा नहीं रह पाते। इन दलदली क्षेत्रों में कई मछुआरों की लाशें भी मिली हैं लेकिन स्थानीय प्रशासन यह मानने को तैयार नहीं कि यह भूतों के चलते हुआ है। उनके मुताबिक मछुआरों के साथ अक्सर ऐसी दुर्घटनाएं होती रहती हैं। हालांकि अभी तक रहस्य से भरी है गुत्थी सुलझ नहीं पाई है। वैज्ञानिकों का अंदेशा है कि दलदली क्षेत्रों में मेथेन गैस बनती है और वह किसी तत्व के संपर्क में आने से रोशनी पैदा करती है।

'इनजेनेटिक डांसिंग लाइट्स' (गुजरात) शायद इसे देखने पर आपको भूताह जगह देखने का एहसास हो, हालांकि यहां के लोगों का भी कहना है कि रात को अलग-अलग रंग की लाइट दिखाई देती हैं घबराइए मत यह कोई ऐसी जगह नहीं जहां भूत प्रेत हो बल्कि यह बहुत ही खूबसूरत जगह है। गुजरात के रण कच्छ के इस नजारे को देखकर आप हैरत में रह जाएंगे। इस लाइट्स पर वैज्ञानिकों ने काफी रिसर्च की है लेकिन उन्हें भी इसके पीछे का रहस्य पता नहीं चल सका है।

यह भारत की कुछ ऐसी हैरत अंग्रेज जगह है जो रहस्यमयं होने के बाद भी पर्यटकों के लिए आकर्षक का केंद्र हैं। इन जगहों पर होने वाली घटनाओं पर वैज्ञानिक रिसर्च कर रहे हैं लेकिन वह अभी तक किसी नतीजे पर नहीं पहुंच सके हैं। क्या आप इन रहस्यमई जगहों पर जाना पसंद करेंगे?

5 रहस्यमयं मंदिर

वैसे तो भगवान शिव के हजारों मंदिर है और आपने उनमें से अनेकों के बारे में जरूर सुना होगा, लेकिन आज मैं आपको भगवान शिव के ऐसे पांच रहस्यमयं मंदिरों के बारे में बताऊंगा जिनके बारे में जानकर आप हैरान रह जाएंगे।

'स्तंभेश्वर महादेव' का यह मंदिर दिन में दो बार सुबह और शाम को पल भर के लिए ओझल हो जाता है और कुछ देर बार उसी जगह पर वापस भी आ जाता है ऐसा ज्वार भाटा उठने के कारण होता है इसके चलते आप मंदिर के शिवलिंग के दर्शन तभी कर सकते हैं जब समुद्र में ज्वार कम हो ज्वार के समय शिवलिंग पूरी तरह से जलमग्न हो जाता है और मंदिर तक कोई नहीं पहुंच सकता। यह प्रक्रिया सदियों से चली आ रही है। मंदिर अरब सागर के बीच कैमटी तट पर स्थित है। इस तीर्थ का उल्लेख श्रीमहाशिवपुराण में रूद्र संहिता में मिलता है। इस मंदिर की खोज लगभग 150 साल पहले हुई थी।मंदिर में स्थित शिवलिंग का आकार 4 फीट ऊंचा और 2 फीट के व्यास वाला है। इस प्राचीन मंदिर के पीछे अरब सागर का सुंदर नजारा दिखाई देता हैं।यहां आने वाले श्रद्धालुओं के लिए खास तौर पर पर्चे बांटे जाते हैं जिन में ज्वार भाटा आने का समय लिखा होता है, ऐसा इसलिए किया जाता है ताकि यहां आने वाले श्रद्धालुओं को परेशानियों का सामना ना करना पड़े तो आइए जानते हैं इसके पीछे की पौराणिक मान्यता क्या है।

राक्षस ताड़कासुर ने अपनी कठोर तपस्या से भगवान शिव को प्रसन्न कर लिया। जब भगवान शिवे सामने प्रकट हुए तो उसने वरदान मांगा कि उसे सिर्फ शिवजी का पुत्र ही मार सकेगा और वह भी 6 दिन की आयु का। शिव जी ने उसे वरदान दे दिया। वरदान मिलते ही ताड़कासुर ने हाहाकार मचाना शुरू कर दिया, देवताओं और ऋषि-मुनियों को आतंकित कर दिया। अंततः देवता महादेव की शरण में पहुंचे शिव शक्ति से श्वेत पर्वत के कुंड में उत्पन्न हुए शिव पुत्र कार्तिकेय के 6 मस्तक 4 आँख, बारह हाथ थे। कार्तिकेय ने मात्र 6 दिन की आयु में ताड़ासुर का वध किया। जब कार्तिकेय को पता चला कि ताड़ासुर भगवान शिव का भक्त था तो वह काफी व्यथित हुए फिर भगवान विष्णु ने कार्तिकेय से कहा कि वह वध स्थल पर शिवालय बनवा दें। इससे उनका मन शांत होगा। भगवान कार्तिकेय ने ऐसा ही किया। फिर सभी देवताओं ने मिलकर मही सागर संगम तीर्थ पर विश्वानंद स्तंभ की स्थापना की जिसे आज 'स्तंभेश्वर' तीर्थ के नाम से जाना जाता है।

भगवान शिव के अनेकों अद्भुत मंदिरों में से एक है हिमाचल प्रदेश के कुल्लू में स्थिति 'बिजली महादेव' कुल्लू का पूरा इतिहास बिजली महादेव से जुड़ा हुआ है। कुल्लू शहर में व्यास और पार्वती नदी के संगम के पास एक ऊंचे पर्वत के ऊपर 'बिजली महादेव' का प्राचीन मंदिर हैं। पूरी कुल्लू घाटी में ऐसा मान्यता है कि यह घाटी ही एक सांप का रूप है जिस सांप का वध भगवान शिव ने किया था। जिस स्थान पर मंदिर है वहां शिवलिंग पर हर 12 साल में भयंकर आकाशीय बिजली गिरती है। बिजली गिरने से मंदिर का शिवलिंग खंडित हो जाता है यहां के पुजारी खंडित शिवलिंग के टुकड़े एकत्रित कर मख्खन के साथ से जोड़ देते हैं। कुछ समय बाद शिवलिंग एक ठोस शिवलिंग में परिवर्तित हो जाता है। इस शिवलिंग में हर 12 साल में बिजली क्यों गिरती

है और इस जगह का नाम कुल्लू कैसे पड़ा इसके पीछे एक पौराणिक कथा है आईये इसके पीछे की इस कथा को जानते हैं। कुल्लू घाटी के लोग बताते हैं कि बहुत साल पहले यहां कलान्तक नामक दैत रहता था। एक बार वह दैत अजगर का रूप धारण कर व्यास नदी के प्रवाह को रोक कर इस जगह को पानी में डूबाना चाहता था। इसके पीछे उसका उद्देश्य यह था कि यहां रहने वाले सभी जीव जंतु पानी में डूब कर मर जाए। भगवान शिव दैत के इस विचार से चिंतित हो गए। बड़े जतन के बाद भगवान शिव ने उस राक्षस रूपी अजगर को अपने वष में लिया। शिव ने उसके कान में कहा तुम्हारी पूंछ में आग लग गई है इतना सुनते ही जैसे ही वह दैत पूछे मुड़ा भगवान शिव ने उसके सिर पर त्रिशूल से वार कर दिया। त्रिशूल के प्रहार से वह दैत मारा गया। उस दैत के मरते ही उसका शरीर एक विशाल पर्वत में बदल गया उसका शरीर धरती के जितने हिस्से में फैला हुआ था वह पूरा का पूरा क्षेत्र पर्वत में बदल गया। उस दैत को मारने के बाद शिव ने इंद्र से कहा की 12 साल में एक बार इस जगह पर बिजली गिराया करें। हर 12 साल यहां पर एक आकाशीय बिजली गिरती है इस बिजली से शिवलिंग चकनाचूर हो जाता है शिवलिंग के टुकड़े इकट्ठा करके शिवजी का पुजारी मक्खन से जोड़कर स्थापित कर लेता है और कुछ समय के बाद वह अपने पुराने स्वरूप में आ जाती है। शिवलिंग पर आकाश से बिजली गिरने के बारे में कहा जाता है कि भगवान शिव नहीं चाहते थे कि जब बिजली गिरे तो आम जनता को इससे नुकसान पहुंचे। भोलेनाथ लोगों को बचाने के लिए इस बिजली को अपने ऊपर गिरवाते हैं इसीलिए भगवान शिव को बिजली महादेव कहा जाता है। भादों के महीने में यहां मेला सा लगा रहता है। कुल्लू शहर से बिजली महादेव की पहाड़ी लगभग 7 किलोमीटर है शिवरात्रि पर भी यहां भक्तों की भीड़ उमड़ती है। यह जगह समुंद्र से 2500 मीटर की ऊंचाई पर स्थित है, शीतकाल में यहां भारी बर्फबारी होती है। बिजली महादेव का अपना ही

महत्व व इतिहास है। ऐसा लगता है कि बिजली महादेव के इर्द-गिर्द समूचा कुल्लू का इतिहास घूमता है हर मौसम में दूर दूर से लोग बिजली महादेव के दर्शन करने आते हैं।

गुजरात के भावनगर में कुलियाक तट से 3 किलोमीटर अन्दर अरब सागर में स्थित 'निष्कलंक' महादेव है। यहां पर अरब सागर की लहरें रोज शिवलिंगों का जलाभिषेक करती है लोग पानी में पैदल चलकर ही इस मंदिर के दर्शन करने जाते हैं। इसके लिए उन्हें ज्वार में उतरने का इंतजार करना पड़ता है भारी ज्वार के वक्त केवल मंदिर की पताका और खंबा ही नजर आता है जिसे देखकर कोई अंदाजा ही नहीं लगा सकता कि पानी के अंदर समुंद्र में ही महादेव का प्राचीन मंदिर स्थित है। इस मंदिर का इतिहास महाभारत काल से जुड़ा हुआ है महाभारत के युद्ध में पांडवों ने कौरवों को मारकर युद्ध जीता। लेकिन युद्ध की समाप्ति के बाद पांडवों को यह जानकर बड़ा ही दुख हुआ कि उन्हें अपने ही सगे-संबंधियों की हत्या का पाप लगा है। इस पाप से छुटकारा पाने के लिए पांडव भगवान श्री कृष्ण से मिले। पाप से मुक्ति के लिए श्री कृष्ण ने पांडवों को एक काला ध्वजा और एक काली गाय सौपी और पांडवों को गाय का अनुसरण करने के लिए कहा और बताया कि जब ध्वजा और गाय दोनों का रंग काले से सफेद हो जाए तो समझ लेना कि तुम्हें पाप से मुक्ति मिल गई है साथ ही श्री कृष्ण ने उनसे यह भी कहा कि जिस जगह ऐसा हो वहीं पर तुम भगवान शिव की तपस्या भी करना। पांचों भाई भगवान श्री कृष्ण के कहने के अनुसार काली ध्वजा हाथ में लिए काली गाय का अनुसरण करने लगे इसी क्रम में वह सब कई दिनों तक अलग-अलग जगह पर गए लेकिन गाय और ध्वजा का रंग नहीं बदला, लेकिन जब वह वर्तमान में गुजरात मे कोलियाक तट पर पहुंचे तो गाय और ध्वजा का रंग सफेद हो गया। इससे पांचो पांडव भाई

बहुत खुश हुए और वही पर भगवान शिव का ध्यान करते हुए तपस्या करने लगे। भगवान भोलेनाथ उनकी तपस्या से खुश हुए और पांचों पांडवों को लिंग रूप में अलग अलग दर्शन दिए। वहीं पांचों शिवलिंग वहां पर अभी भी स्थित है पांचों शिवलिंग के सामने मंदिर की प्रतिमा भी है। पांचो शिवलिंग एक वर्गाकार चबूतरे पर बने हुए हैं तथा कोलियाक समुद्र तट से पूर्व की ओर 3 किलोमीटर अंदर अरब सागर में स्थित है इस चबूतरे पर एक छोटा सा पानी का तालाब भी है जिसे पांडव तालाब कहते हैं। श्रद्धालु पहले उसमें अपने हाथ पाँव होते हैं और फिर शिवलिंग की पूजा अर्चना करते हैं क्योंकि यहां पर आकर पांडवों को अपने भाइयों की हत्या के कलंक से मुक्ति मिली थी। इसीलिए इसको 'निष्कलंक' महादेव कहते हैं भादो के महीने में अमावस को यहां मेला लगता है जिसे भादवी कहा जाता है। प्रत्येक अमावस के दिन इस मंदिर में भक्तों की अधिक भीड़ रहती है लोगों की ऐसी मान्यता है यदि हम अपने प्रिय जनों की चिता की राक शिवलिंग पर लगाकर जल में प्रवाहित कर दें तो उन्हें मोक्ष मिल जाता है। मंदिर में भगवान शिव को राख दूध दही और नारियल चढ़ाया जाता है। सालाना प्रमुख मेला भादवी भावनगर के महाराजा के वंशजों द्वारा मंदिर की पताका फहराने से शुरू होता है और फिर यही पताका मंदिर पर अगले 1 साल तक फैराती है।

वैसे तो पूरे भारत में 'अंचलेश्वर' नाम से कई मंदिर हैं पर राजस्थान के धौलपुर में स्थित अचलेश्वर महादेव के मंदिर बहुत खास ळें 'धौलपुर' जिला राजस्थान और मध्य प्रदेश की सीमा पर स्थित है। यह इलाका चंबल और भीलड़ो के लिए प्रसिद्ध है यही दुर्गम भीलड़ो के अंदर स्थित है भगवान अंचलेश्वर महादेव के इस मंदिर की सबसे बड़ी खासियत है यहां स्थित शिवलिंग, जो दिन में तीन बार रंग बदलता है। सुबह में शिवलिंग का रंग लाल होता है दोपहर में केसरिया

और जैसे-जैसे शाम होती है शिवलिंग का रंग सांवला हो जाता है। ऐसा क्यों होता है इसका किसी के पास कोई जवाब नहीं हैं। भगवान अचलेश्वर महादेव का यह मंदिर हजारों साल पुराना है क्योंकि यह मंदिर भीलड़ो में स्थित है और यहां तक पहुंचने का रास्ता बहुत ही पथरीला और उबड़ खाबड़ है, इसलिए पहले यहां बहुत कम ही लोग पहुंचते थे पर जैसे-जैसे भगवान के चमत्कार की खबरें लोगों तक पहुंची यहां पर भक्तों की भीड़ जुटने लगी। इस शिवलिंग की एक और अनोखी बात यह है कि इस शिवलिंग के छोर का आज तक पता नहीं चला हैं। कहते हैं कि कुछ समय पहले भक्तों ने यह जानने के लिए कि यह शिवलिंग जमीन में कितना गड़ा है इसकी खुदाई की पर काफी गहराई तक खोजने के बाद इसके छोर का पता ही नहीं चला अंत में उन्होंने इसको भगवान का चमत्कार मानते हुए खुदाई बंद कर दी।

भक्तों का मानना है भगवान अचलेश्वर महादेव सभी की मनोकामना पूरी करते हैं अब यदि कभी आपको धौलपुर जाने का अवसर प्राप्त हो तो आप भगवान अंचलेश्वर महादेव के दर्शन का लाभ जरूर उठाइएगा।

छत्तीसगढ़ की राजधानी रायपुर से 120 किलोमीटर दूर खरौद नगर में स्थित है 'लक्ष्मेश्वर महादेव मंदिर'। लक्ष्मेश्वर महादेव मंदिर की स्थापना से जुड़ी एक पंक्ति प्रचलित है जिसके अनुसार भगवान राम ने खर और के वध के पश्चात अपने भाई लक्ष्मण के कहने पर इस मंदिर की स्थापना की थी। लक्ष्मेष्वर महादेव मंदिर में शिवलिंग है जिसके बारे में मान्यता है कि इसकी स्थापना स्वयं लक्ष्मण ने की थी। इस शिवलिंग में एक लाख छेद है इसीलिए इसे लक्ष्य लिंग कहा जाता है। इस लाख छेद में से एक छिद्र ऐसा है जो की पातालगामी है क्योंकि उसमें जितना भी जल डालो वह सब उसमें समा जाता है। लेकिन एक छेद लक्ष्य कुंड है क्योंकि उसमें जल हमेशा भरा ही रहता है। लक्ष्य लिंग पर

चढ़ाया गया जल मंदिर के पीछे स्थित कुंड में चले जाने की भी मान्यता है क्योंकि कुंड कभी सूखता नहीं लक्ष्य लिंग जमीन से करीब 30 फीट ऊपर है और उसे स्वयंम लिंग भी माना जाता है।

5 रहस्यमयं गुफाएँ

भारत में पहाड़ी गुफाओं का संबंध आदि काल से है। यह कभी ऋषि मुनियों के लिए यज्ञ स्थल रहे हैं तो कभी राजा और सुल्तानों की सेना के लिए एक पड़ाव। गुफाओं के अंदर चित्रित की गई शिल्पकारी भारत के इतिहास से संपर्क साधने का मौका देती है। इन गुफाओं का रहस्यमयं होना हमेशा से शोधकर्ताओं के लिए एक शोध का विषय रहा है। आज भी लोग इन गुफाओं के बारे में जानने के लिए लालायित रहते हैं। इस लेख में आपको ऐसी ही भारत की पांच रहस्यमयं गुफाओं के बारे में जानने को मिलेगा। जिनके पीछे का रहस्य शायद आप नहीं जानते होंगे।

'बेताल' गुफा (हिमाचल प्रदेश) फिल्मी कहानियों और बच्चों की स्टोरी बुक्स में आपने कई बार ऐसी गुफाओं का जिक्र सुना होगा जिसके भीतर बेशकीमती खजाना दफन होता हैं। इनमें से कुछ ऐसे भी हैं, जो इंसान की हर मुराद पूरी करती हैं यह बात अलग है कि यह कहानियां पूरी तरह से मनगढ़ंत होती हैं। लेकिन मैं आपको एक ऐसी गुफा के बारे में बताने जा रहा हूं जिसके भीतर बेषकीमती खजाना भी मौजूद है और वह इंसान की मुराद भी पूरी करती है। हिमालय पर्वत अपने आप में रहस्यमयं और कई किस्सों का गढ़ है। इसी हिमालय की गोद में एक ऐसी गुफा है जिसके बारे में बहुत कम लोग ही जानते हैं। हिमाचल प्रदेश के मंडी जिले में एक ऐसी ही गुफा है जो इंसान की हर मुराद को पूरी करती है इस रहस्यमयं गुफा का नाम है 'बेताल' गुफा जिसकी लंबाई

40 से 50 मीटर और ऊंचाई 15 फीट है। इस बेताल गुफा के अंदर 30 से 40 ऐसी मूर्तियां हैं जिस पर ईश्वर के चित्र अंकित हैं। इस गुफा के भीतर पानी की एक नहर भी बहती है जिसकी आवाज अपने आप में एक मधुर संगीत की तरह सुनाई देती है। स्थानीय लोगों का कहना है कि प्राचीन समय में लोग इस गुफा से बर्तन लाया करते थे जो विवाह के समय प्रयोग में लाए जाते थे। इस गुफा का रहस्य बर्तन मिलने तक ही सीमित नहीं था, क्योंकि कहते हैं कि इस गुफा से देसी घी भी टपकता था, लेकिन यह सिलसिला भी प्राचीन दौर में ही समाप्त हो गया। स्थानीय कथाओं के अनुसार एक रात एक ग्वाले ने अपने पशुओं के साथ इस गुफा में शरण ली उसने देखा की गुफाओं की दीवारों से घी टपक रहा है तो वह बार-बार अपनी रोटी को इस घी से लपेटता और खा जाता। ऐसा करने पर घी झूठा हो गया और उस दिन के बाद इस गुफा से कभी भी घी नहीं टपका। लेकिन यह रहस्य तो प्राचीन काल में शुरू हुए थे और प्राचीन काल में ही समाप्त हो गए। लेकिन इस गुफा का महत्व आज भी बरकरार है स्थानीय लोग यह मानते हैं कि यह गुफा मनोकामना पूरी करती है जिसके चलते यह आस्था का केंद्र बन चुकी है। वहां के लोगों का कहना है कि गांव में जब भी कभी किसी का पशु बीमार पड़ता है तो गुफा के पास पूजा पाठ करने से उसकी बीमारी दूर हो जाती है।

‘बेलम गुफाएं’ (आंध्र प्रदेश) हम सभी ने अभी तक स्वर्ग लोक, पृथ्वीलोक और पाताल लोक के बारे में सुना है, लेकिन क्या आपने कभी पाताल लोक की पाताल गंगा के बारे में सुना है?

आंध्र प्रदेश के कुरनूल से करीब 106 किलोमीटर की दूरी पर बेलम नाम की गुफाएं हैं। बेलम भारत की दूसरी सबसे बड़ी गुफा है। साल 1884 में ब्रिटिष भू वैज्ञानिक ‘रॉबर्ट’ ने बेलम की गुफाओं की खोज की थी। यह गुफा 3229 मीटर

लंबी है, इस गुफा के मुख्य द्वार से ठीक 105 फीट नीचे एक नदी बहती है। जिसे पातालगंगा का नाम दिया गया है हैरान कर देने वाली बात यह है कि पातालगंगा से निकलने वाला पानी गुफा में कुछ दूरी तक जाने के बाद रहस्यमयं ढंग से गायब हो जाता है। अभी तक वैज्ञानिक भी इस रहस्य को नहीं सुलझा पाए हैं कि आखिर यह पानी जाता कहां है? भू वैज्ञानिकों के अनुसार हजारों साल पहले इस गुफा के नीचे पानी का बहाव बहुत तेज होगा, जिस वजह से यह गुफा बनी होगी। आज भी गुफा के अंदर कई ऐसी चट्टानें मौजूद हैं जिसमें पानी के तेज बहाव के कारण छेद बन गए हैं। लाखों साल पुरानी इस गुफा में आज भी कई सारे रहस्य दफन हैं। इन गुफाओं में जैन और बौद्ध भिक्षु रहने के अवशेष मिले हैं। आज देश-विदेश से पर्यटक इस रहस्यमयं गुफा को देखने के लिए आते हैं।

'भिमबेटका गुफाएं' मध्यप्रदेश के भोपाल से 45 किलोमीटर की दूरी पर स्थित भिमबेटका में आज सैकड़ों अद्भुत गुफाएं हैं, जो आदि मानव द्वारा बनाए गए स्वंम चित्रों के लिए प्रसिद्ध हैं। कहा जाता है कि इसका संबंध मध्य पाषाण काल से है। यहां की दीवार लघु सतुत भवन और पर्मार कालीन मंदिर हजारों साल पुराने हैं। भिमबेटका का संबंध महाभारत के भीम से माना गया है। यहां की अधिकतर गुफाएं पांडव पुत्र भीम से संबंधित हैं, भिमबेटका का उल्लेख पहली बार भारतीय प्रकृतिक रिपोर्ट में 1888 में बुद्धिस्ट स्थान के तौर पर किया गया था। गौरवशाली इतिहास होने की वजह से भिमबेटका गुफाओं को 2003 यूनेसको द्वारा वर्ल्ड हेरिटेज साइट के रूप में मान्यता दी गई। विंध्य पर्वत मालाओं से गिरी हुई भिमबेटका गुफा में प्राकृतिक रंग से जानवरों के चित्र बनाए गए हैं। इन चित्रों के अलावा यहां की दीवारों पर धार्मिक संकेतों के चित्र बने हुए हैं जिसे देखकर भारत के प्राचीन संस्कृति की झलक मिलती है।

‘शिवखोड़ी गुफा’ जम्मू कश्मीर राज्य में स्थित है। यह रहस्यमयं गुफा करीब 150 मीटर लंबी है अंदर की तरफ बढ़ने पर यह दो हिस्सों में बैट जाती है। एक तरफ भगवान शिव का प्राकृतिक शिवलिंग है तो शिवलिंग के ठीक ऊपर गुफा की छत पर गाय के थनों की आकृति बनी हुई है। जिसके अंदर से लगातार दूधिया रंग का तरल पदार्थ शिवलिंग के ऊपर गिरता रहता है। धार्मिक आस्था के अनुसार इस गुफा में आज भी भगवान शिव वास करते हैं। अमरनाथ यात्रा के मार्ग में यह गुफा आती है। गुफा का दूसरा हिस्सा बंद कर दिया गया है, श्रद्धालुओं का मानना है कि इस गुफा के दूसरे हिस्से को इसलिए बंद कर दिया गया है क्योंकि यहां पर जाने वाला कोई भी शख्स कभी भी लौट के नहीं आता। मान्यता के अनुसार गुफा के बंद पड़े हुए हिस्से की और जो भी जाता है वह शिव धाम को प्राप्त हो जाता है। इस गुफा के अंदर गहरा अंधकार है और इसकी चौड़ाई 1 मीटर है तीर्थयात्रीयोंके मुताबिक द्ववापा युग तक लोग इसी गुफा से होकर अमरनाथ जाते थे लेकिन कलयुग के प्रारंभ के बाद जिस किसी ने भी इस गुफा में प्रवेश किया वह कभी लौट कर नहीं आया। इसी कारण इस गुफा के प्रवेश द्वार को बंद कर दिया गया है।

‘अमरनाथ गुफा’

जम्मू कश्मीर में स्थित अमरनाथ गुफा हिंदू धर्म के सबसे महत्वपूर्ण और ख़ास तीर्थ स्थलों में से एक है। हर साल भारी मात्रा में श्रद्धालु भगवान शिव के दर्शन के लिए यहां आते हैं। अमरनाथ गुफा में बर्फ से बने शिवलिंग की पूजा होती है। अमरनाथ गुफा को भगवान शिव के प्रमुख धार्मिक स्थलों में से एक माना जाता है। इस गुफा से जुड़ी कई रहस्यमयं कहानियां है जिसके बारे में बहुत कम लोग ही जानते हैं। मान्यता है कि भगवान शिव ने अमरनाथ गुफा में ही मां पार्वती को अमरता का मंत्र सुनाया था इसीलिए अमरनाथ गुफा का महत्व बहुत ज्यादा है। मान्यता के अनुसार किसी को भी अमर कथा सुननी की इजाजत नहीं थी इसीलिए भगवान शिव ने मां पार्वती को कथा सुनाने से पहले सबको को त्याग दिया था। माना जाता है कि जब भगवान शिव ने मां पार्वती को अमरता का मंत्र सुनाया था उस समय गुफा में उन दोनों के अलावा उस गुफा में कबूतरों का एक जोड़ा मौजूद था, मंत्र सुनने के बाद कबूतरों का जोड़ा अमर हो गया था। आज भी अमरनाथ गुफा में कबूतरों का वह जोड़ा दिखाई देता है। अमरनाथ गुफा चारों तरफ से कच्ची बर्फ से ढकी होती है लेकिन गुफा के अंदर मौजूद शिवलिंग पक्की बर्फ का होता है। शिवलिंग पक्की बर्फ का किस तरह बनता है यह आज भी एक रहस्य बना हुआ है।

यह थी भारत की 5 ऐसी गुफाएं जो अपने रहस्य के लिए मशहूर हैं इन गुफाओं के पीछे की कहानियों में कितनी सच्चाई है इसकी पुष्टि हम नहीं करते हैं लेकिन वहां के लोगों के अनुसार यह कहानियां सच हैं

इन हिंदू मंदिरों को मुस्लिम शासकों ने क्यां तबाह

इन हिंदू मंदिरों को मुस्लिम शासकों ने क्यां तबाह किया? कंबोडिया के अंकोरवाट मंदिर को हम देखते हैं तो पता चलता है कि भारत गुप्त काल में कितनी भव्यता के साथ खड़ा था। सातवीं सदी के पूर्व भारतीय लोग शांत और सुरक्षित जीवन जी रहे थे। युद्ध भी हुआ करते थे लेकिन युद्ध का स्वरूप अलग था। इससे पूर्व गुप्त काल को भारत का स्वर्ण काल कहा जाता है। इससे पूर्व बौद्ध काल में भारत ने ज्ञान और विज्ञान की नई ऊंचाइयों को छुआ था। लेकिन हर्षवर्धन के जाने के बाद भारत का भाग्य पलट गया। विदेशी आक्रमताओं ने भारत को खंडहर में बदल दिया। भारत पर यूनानी, मंगोल, ईरानी, इराकी, पुर्तगाली, फ्रांसीसी, मुगल और अंग्रेजों ने राज किया। यह सभी विदेशी थे। इनके शासनकाल में जहां भारतीय गौरव को नष्ट किया गया, वहीं पर बड़े पैमाने पर धर्मांतरण भी हुआ। आज भी इन विदेशी आक्रमताओं के चिन्ह मौजूद हैं। जिन्होंने भारत के इतिहासिक स्थलों को खंडरों में बदल दिया। भारत में सातवीं सदी के प्रारंभ में मुस्लिम आक्रमताओं का प्रारंभ हुआ था। यहां उन्होंने सोना चांदी आदि दौलत लूटने और इस्लामिक शासन की स्थापना करने के उद्देश्य से आक्रमण किए। सातवीं से सोलवीं सदी तक लगातार हजारों हिंदू, जैन और बौद्ध मंदिरों को तोड़ा और लूटा गया। उनमें से कुछ ऐसे थे, जोकि विशालतम

होने के साथ ही भारतीय अस्मिता पहचान और सम्मान से जुड़े हुए थे। हम ऐसे पांच मंदिरों के बारे में चर्चा करेंगे।

काशी विश्वनाथ मंदिर वाराणसी उत्तर प्रदेश भगवान शिव की 12 ज्योतिलिंगों में से एक हैं। काशी विश्वनाथ मंदिर अनादिकाल से काशी में है, इसका उल्लेख महाभारत और उपनिषद में किया गया है। 11वीं ई0 पूर्व राजा हरिश्चंद्र ने जिस विश्वनाथ मंदिर का जीर्णोद्धार करवाया था, सम्राट विक्रमादित्य ने उसका पुनः जीर्णोद्धार करवाया। इस मंदिर को 1194 में मोहम्मद गौरी ने लूटने के बाद तुड़वा दिया था। इसे फिर से बनवाया गया, लेकिन उसके बाद फिर इसे 1440 में जैनपुर के सुल्तान मोहम्मद शाह द्वारा तोड़ दिया गया। उसके बाद 1585 ई0 में राजा टोडरमल की सहायता से पंडित नारायण भट्ट द्वारा इस स्थान पर फिर से एक मंदिर का निर्माण किया गया। इस भव्य मंदिर को सन् 1632 में शाहजहां ने आदेश पारित कर तोड़ने के लिए सेना भेज दी। सेना हिंदुओं के प्रबल प्रतिरोध के कारण विश्वनाथ मंदिर के केंद्रीय मंदिर को तोड़ नहीं सकी लेकिन काशी के बाकी 63 मंदिरों को तोड़ दिया गया। डॉक्टर भट्ट ने अपनी किताब दानहरवाड़ी में इसका जिक्र किया है कि टोडरमल ने मंदिर का पुनः निर्माण 1585 में करवाया था। 18 अप्रैल 1659 को औरंगजेब ने एक फरमान जारी कर काशी विश्वनाथ मंदिर को ध्वस्त करने का आदेश दिया। यह फरमान एस्डिक लाइब्रेरी कोलकाता आज भी सुरक्षित है। औरंगजेब के आदेश पर यहां मंदिर को तोड़कर एक ज्ञानवापी मस्जिद बनवाई गई। 2 सितंबर 1659 को औरंगजेब को मंदिर तोड़ने मकी सूचना दे दी गई। औरंगजेब ने प्रतिदिन हजारों ब्राह्मणों को मुसलमान बना देने का आदेश भी पारित किया। आज उत्तर प्रदेश के 90 परसेंट मुसलमानों के पूर्वज ब्राह्मण हैं। सन् 1752 से लेकर 1780 के बीच मराठा सरदार दत्ता जी सिंधिया और मलवाहाल होलकर ने मंदिर मुक्ति के प्रयास

किए। 7 अगस्त 1770 ई0 में महादजी सिंधिया ने दिल्ली के बादशाह शाह आलम से मंदिर तोड़ने की क्षतिपूर्ति का आदेश जारी कर दिया। लेकिन तब तक काशी पर ईस्ट इंडिया कंपनी का राज हो गया था इसलिए एक बार फिर मंदिर नहीं बनाया जा सका। 1777 से 1780 में इंदौर की महारानी अहिल्याबाई होलकर द्वारा इस मंदिर का जीर्वद्धार करवाया गया था। अहिल्याबाई होल्कर ने इसी परिसर में विश्वनाथ मंदिर बनवाया जिस पर पंजाब के महाराज रंणजीत सिंह ने सोने का छत्र बनवाया। ग्वालियर की महारानी गोजा बाई ने ज्ञानवापी का मंडप बनवाया और महाराज नेपाल ने विशाल मंदिर प्रतिमा स्थापित करवाई। सन् 1809 में काशी के हिंदुओं ने जबरन बनवाई गई मंदिर पर कब्जा कर लिया था लेकिन यह सब क्षेत्र ज्ञान वापी मंडप का क्षेत्र है जिसे आजकल ज्ञान वापी मस्जिद कहा जाता है। 30 दिसंबर 1810 को बनारस के तत्काल जिला अधिकारी मिस्टर वाटसन ने वाइस प्रेसिडेंट काउंसल को एक पत्र लिखकर ज्ञानवापी परिसर हिंदुओं को हमेशा के लिए सौंपने के लिए कहा था लेकिन यह कभी संभव नहीं हो पाया। इतिहास की किताबों में 11 से 15 वीं सदी के कालखंड में मंदिरों का जिक्र और उनके विध्वंस की बातें सामने आती हैं। मोहम्मद तुगलक के समकालीन लेखक चीनप्रभसुरी ने किताब देवीकल्पित में लिखा है कि बाबा विश्वनाथ को तीर्थ क्षेत्र कहा जाता था लेखक अयुरव ने भी लिखा है कि फिरोजशाह तुगलक के समय में कुछ मंदिर मस्जिद में तब्दील हुए थे आज भी पुराने विश्वनाथ मंदिर के सामने ज्ञानवापी मस्जिद मौजूद है और मुसलमान उस में नियमित नमाज अदा करते हैं। जबकि आज भी ज्ञानवापी मस्जिद की दीवारों पर हिंदू देवी देवताओं की मूर्तियां अंकित हैं। ज्ञानवापी मस्जिद की दीवारों में ही श्रृंगार गौरी की पूजा हिंदू लोग वर्ष में एक बार करने जाते हैं और मंदिर के ठीक सामने भगवान विश्वनाथ की नंदी विराजमान है।

सोमनाथ मंदिर-

गुजरात प्रांत के कटिया वाद क्षेत्र में समुंद्र के किनारे सोमनाथ नामक विश्व प्रसिद्ध मंदिर स्थित है जो कि भगवान शिव के 12 ज्योतिलिंगों में से एक है। पावन प्रभास क्षेत्र में स्थित इस सोमनाथ ज्योतिलिंग की महिमा महाभारत, श्रीमद्भागवत और स्मंद पुराण आदि में विस्तार से बताई गई है। चंद्र देव का एक नाम सोम भी है उन्होंने भगवान शिव को ही अपना नाथ स्वामी मानकर यहां तपस्या की थी इसलिए इसका नाम सोमनाथ हो गया। इतिहासकारों के अनुसार यह मंदिर ईसा के पूर्व अस्तित्व में आया था इसी जगह पर दूसरी बार मंदिर का पुनः निर्माण 649 ई0 में बैललवीथ मोनथीक राजाओं ने किया। पहली बार इस मंदिर को 725 ई0 में सिंध के मुस्लिम सूबेदार अल जुनैद ने

छुड़वा दिया था फिर प्रतिहार राजा नाथभट्ट ने 815 ई0 में इसका पुनर्निर्माण करवाया। इसके बाद मोहम्मद गजनी ने सन् 124 में कुछ 5000 साथियों के साथ सोमनाथ मंदिर पर हमला किया, उसकी संपत्ति लूटी और उसे नष्ट कर दिया। तब मंदिर की रक्षा के लिए निहत्थे हजारों लोग मारे गए थे। ये वे लोग थे जो पूजा कर रहे थे। यह मंदिर के अंदर दर्शन लाभ ले रहे थे और जो गांव के लोग मंदिर के रक्षा के लिए निहत्थे ही दौड़ पड़े थे। महमूद के मंदिर तोड़ने और लौटने के बाद गुजरात के राजा भीमदेव और मालवा के राजा भोज ने इसका पुनः निर्माण करवाया। 1093 में सिद्धराज जयसिंह ने भी मंदिर के निर्माण में सहयोग दिया। उसके बाद बृजेश्वर कुमार पाल और सौराष्ट्र के राजा खंगार ने भी सोमनाथ मंदिर के सौंदर्यकरण में योगदान दिया था। सन् 1297 में जब दिल्ली सल्तनत और सुल्तान अलाउद्दीन खिलजी के सेनापति नुसरत खान ने गुजरात पर हमला किया, तो उसने सोमनाथ मंदिर को दोबारा तोड़ दिया और सारी धन संपदा लूट ले गया। मंदिर को एक बार फिर से हिंदू राजाओं ने बनवाया लेकिन सन् 1395 में गुजरात के सुल्तान मुजफ्फर शाह ने मंदिर को फिर तुड़वा कर सारा चढ़ावा लूट लिया। इसके बाद 1412 में उसके पुत्र अहमद शाह ने फिर से यही किया। बाद में मुस्लिम क्रूर बादशाह औरंगजेब के काल में सोमनाथ मंदिर को दो बार तोड़ा गया। पहली बार 1665 ई0 में और दूसरी बार 1706 ई0 में। मंदिर को तुड़वाने के बाद जब औरंगजेब ने देखा कि हिंदू उस स्थान पर अभी भी पूजा-अर्चना करने आते हैं तो उसने वहां पर एक सैन्य टुकड़ी भेजकर कत्लेआम करवाया। जब भारत का एक बड़ा हिस्सा मराठो के अधिकार में आ गया। तब 1783 में इंदौर की रानी अहिल्याबाई द्वारा मूल मंदिर से कुछ ही दूरी पर पूजा अर्चना के लिए सोमनाथ महादेव का एक और मंदिर बनवाया गया। भारत के आजादी के बाद सरदार वल्लभ भाई पटेल ने समुद्र का जल लेकर नए मंदिर के निर्माण का संकल्प लिया उनके संकल्प के बाद

1950 में मंदिर का पुनः निर्माण हुआ 6 बार टूटने के बाद सातवीं बार इस मंदिर को कैलाश महा प्रसाद शैली ने बनवाया गया। इसके निर्माण कार्य से सरदार वल्लभभाई पटेल भी जुड़े हुए हैं। इस समय जो मंदिर है उसे भारत के गृहमंत्री सरदार वल्लभ भाई पटेल ने बनवाया था और 1 दिसंबर 1995 को भारत के राष्ट्रपति शंकर दयाल शर्मा ने इसे राष्ट्र को समर्पित किया।

राम जन्मभूमि अयोध्या उत्तर प्रदेश -

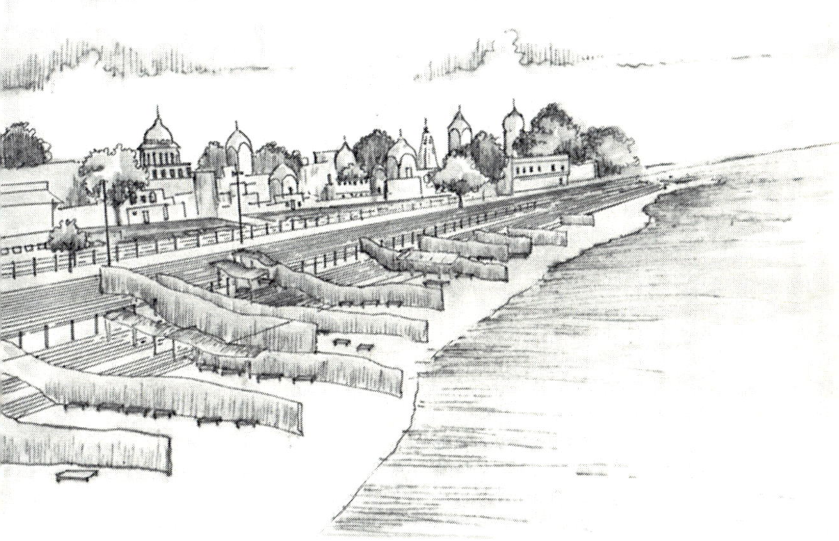

भगवान राम की पवित्र नगरी अयोध्या हिंदुओं के लिए बहुत ही महत्वपूर्ण है यहां पर भगवान राम का जन्म हुआ था यह राम जन्म भूमि है राम एक ऐतिहासिक महापुरुष थे और इसके पर्याप्त प्रमाण हैं। आधुनिक शोधकर्ताओं के अनुसार भगवान राम का जन्म 5114 ई0 पूर्व हुआ था। इतिहासकारों के अनुसार 1528 में बाबर के सेनापति मीर बकी ने अयोध्या में राम मंदिर तोड़कर

बाबरी मस्जिद बनवाई थी। बाबर एक क्रूर राजा था उसने बर्बर तरीके से हिंदुओं का कत्लेआम किया, अपनी सत्ता कायम की। मंदिर तोड़ते वक्त 10000 से ज्यादा हिंदू उसकी रक्षा में मारे गए थे। यह विवाद 1949 का नहीं है जबकि बाबरी ढांचे के गुंबद तले कुछ लोगों ने मूर्तियां स्थापित कर दी थी यह विवाद तब का भी नहीं है जब भारी भीड़ ने विवादित ढांचे को ध्वस्त कर दिया था। बल्कि यह विवाद 1528 ई0 का है जब एक मंदिर को तोड़कर बाबरी ढांचे का निर्माण करवाया गया। दूसरे शब्दों में विवाद का मूल 1528 की घटना है जबकि 10000 से ज्यादा हिंदू शहीद हो गए थे। 1949 और 1992 की घटना 1528 के बाद घटी दो महत्वपूर्ण घटनाएं हैं क्योंकि विवाद अभी खत्म नहीं हुआ है और कोर्ट को फैसला करना है कि यहां मंदिर बनेगा या मस्जिद।

मार्तंड सूर्य मंदिर अनंतनाग कश्मीर –

भारत के दो सूर्य मंदिरों में मार्तंड सूर्य मंदिर के बारे में लोगों को अधिक जानकारी नहीं है पहला मंदिर उड़ीसा के कोणार्क में है। वहीं दूसरा मार्तंड मंदिर कश्मीर में है। मार्तंड मंदिर कश्मीर के दक्षिणी भाग में अनंतनाग से पहलगाम के रास्ते मार्तंड नामक स्थान पर है जिसका वर्तमान नाम मटन है यह मंदिर एक पठार के शिखर पर बना है कश्मीर घाटी में लगभग 8वीं शताब्दी में बने ऐतिहासिक और विशालकाय मार्तंड सूर्य मंदिर को सिकंदर ने तुड़वाया था। पुरातत्व संवेक्षण विभाग के अनुसार इस मंदिर को कोरकाटा समुदाय के राजा ललित आदित्य मुक्ति ने 725 से 761 ई0 के दौरान बनवाया था यह कश्मीर के पुराने हिंदू मंदिरों में शुमार होता है। मुस्लिम इतिहासकार हसन ने अपनी पुस्तक 'हिस्ट्री ऑफ कश्मीर' में कश्मीरी जनता का धर्मांतरण किया जाने का जिक्र कुछ इस तरह किया है सुल्तान बुतशिकन ने पंडितों को सबसे ज्यादा दबाया उसने 3 खिरवार यानी 7 मन जनेऊ को इकट्ठा किया था। इसका मतलब है कि इतने पंडितों ने धर्मांतरण कर लिया। हजरत अमीर कबीर ने यह सब अपनी आंखों से देखा। उसने मंदिर नष्ट किया और बेरहमी से कत्लेआम किया। आज भी मार्तंड सूर्य मंदिर का प्रांगण विहग है। इसके चारों ओर करीब 84 पृकष्ठों के अवशेष हैं मंदिर के स्तंभों और द्वार मंडपों की वस्तु शैली रोम की शैली से थोड़ी - थोड़ी मिलती है। चारों ओर हिम पहाड़ों से घिरे इस मंदिर के निर्माण में वर्गाकार चूना पत्थर का इस्तेमाल किया गया था। पश्चिम की ओर मुड़े होने के कारण हिंदू धर्म ग्रंथों में इसका विशेष महत्व मिला है। मार्तंड सूर्य मंदिर को कश्मीरी वस्तु शैली का अनुपम और एकमात्र उदाहरण माना जाता है। ऐसा कहा जाता है कि इस मंदिर से पूरी कश्मीर घाटी को देखा जा सकता है। अब यहां मंदिर के केवल अवशेष बचे हैं जो अपने एकाकीपन में अपने विध्वंस की कहानी बयान करते हैं।

रूद्र महालय पाटन गुजरात -

गुजरात के पाटन जिले के सिद्धिपुर में रूद्र महालय स्थित है सरस्वती नदी के किनारे सिद्धपुर का एक प्राचीन नगर है इस मंदिर को 943 ई0 में मूलराज सोलंकी ने बनवाना प्रारंभ किया था। 1140 ई0 में सिद्धराज जयसिंह के काल में इसका निर्माण कार्य पूर्ण हुआ। 1410 से 1444 के दौरान अलाउद्दीन खिलजी ने इसका कई बार विध्वंस करवाया और उसके बाद अहमद शाह ने इसे खंडहर में बदल दिया। अनेकों आक्रमणकारी लुटेरे बादशाहों ने तीन बार इसे तोड़ा और लूटा इसके बाद एक भाग में मस्जिद बना दी गई। इसके एक भाग को आदिल गंज का रूप दिया गया इस बारे में वहां फारसी और देवनागरी में शिलालेख हैं। वर्तमान में रूद्र महल के पूर्व भाग में दो रण द्वार, चार शिव मंदिर अध्वस्त सूर्यकुंड है। अब यह मंदिर पुरातत्व विभाग के अधीन है।

यदि भारत के पांच ऐसे हिंदू मंदिर जिन्हें मुस्लिम आक्रांमताओं द्वारा तोड़ दिया गया और मंदिर की जगह मस्जिद बना दी गई। ऐसे अनेकों और भी ऐतिहासिक मंदिर होंगे, जिन्हें विदेशी आक्रमणकारियों द्वारा तोड़ा गया होगा और उनके निशान तक मिटा दिए गए होंगे यह मंदिर कभी इतिहास थे और अब केवल कहानियां बन गए हैं। भले ही भारत पर बहुत से विदेशी आक्रमण हुए और इसे नष्ट करने का प्रयास किया गया लेकिन भारतीय धर्म और संस्कृति की जड़े इतनी गहरी और मजबूत हैं कि आज तक इसका कोई बाल बांका भी नहीं कर सका।

क्या अफगानिस्तान में मिल गया महाभारत या रामायणकाल

भारत का इतिहास दुनिया का सबसे पुराना इतिहास माना जाता है। महाभारत जिसे वेद व्यास ने आज से 5000 वर्ष पहले लिखा था भारतीय इतिहास का एक प्रमुख ग्रंथ है। महाभारत में वेद व्यास ने लिखा है कि जो बातें और तथ्य इस ग्रंथ में नहीं है वह और कहीं नहीं है। इससे यह बात तो साफ हो जाती है कि महाभारत या रामायण में जो बातें लिखी गई हैं, वह केवल कल्पना नहीं बल्कि भारत का इतिहास है।

महाभारत और रामायण जैसे पौराणिक ग्रंथों से जुड़ी कहानियों या इससे जुड़े टीवी सीरियल्स में आपने उड़ने वाले वाहनों के बारे में जरूर देखा या पढ़ा होगा। सम्राट रावण का पुष्पक विमान जिस पर उसने माता सीता का हरण किया था, काफी चर्चित है। हो सकता है बहुत से लोग ऐसे भी हो जो केवल कल्पना मानकर इससे जुड़ी कहानियों को केवल टाइम पास करने का ही जरिया मानते हों, लेकिन आज हम आपको इससे जुड़े जिस रहस्य से परिचित करवाने जा रहे हैं वह एक ऐसा तथ्य है जो आपको यह मानने के लिए विवश कर देगा की मन की गति से उड़ने वाले विमान कोई कल्पना नहीं बल्कि पूर्ण रूप से हकीकत है।

वर्ष 2010 में अफगानिस्तान में तालिबान और अमरीकी सेनाओं के बीच युद्ध चल रहा था। इस युद्ध के दौरान अमेरिकी सेना ने वहां कुछ ऐसा देखा जिस पर विश्वास कर पाना बहुत ही मुश्किल था। अफगानिस्तान की धरती पर एक टाइम वेल जिसमें 12 फीट का एक विमान फंसा हुआ था। इस दृश्य को देखकर शायद कोई इस बात का यकीन नहीं करेगा कि वे अपनी आंखों से आज से कई हजार साल पहले प्रयोग किए जाने वाले विमानों को देख रहे है। यह वही विमान था जिसके विषय में अक्सर हम हिंदू धर्म ग्रंथों और पौराणिक कथाओं में सुनते रहते हैं। महाभारत की कथाओं में यह उल्लेख मिलता है कि 12 फीट घेरे वाला विमान चार भारी-भरकम पहियों से लैस होता है। इसके हर पहिए में अस्त्र लगाए गए होते हैं जो युद्ध या फिर मुश्किल घड़ी में शत्रुओं का सामना करते हैं। पौराणिक कथाओं में विमानों के बारे में जो विवरण मिलते हैं उससे यह पता चलता है कि विमानों का सबसे ज्यादा प्रयोग युद्ध के लिए होता था। अफगानिस्तान में मिले इस विमान को देखने से यह पता चलता है कि पौराणिक काल में भी मिसाइलों का इस्तेमाल होता था। कहा जा रहा है कि यह विमान महाभारत काल का है और इसके आकार प्रकार का विवरण महाभारत और अन्य प्राचीन ग्रंथों में किया गया है। इस कारण से इसे गुफा से निकालने की कोशिश करने वाले कई कमांडो गायब हो गए हैं या फिर मारे गए हैं। रशियन फॉरेन इंटेलिजेंस सर्विस (एस वी आर) का कहना है कि यह महाभारत कालीन विमान है और जब इसका इंजन शुरू होता है तो इससे बहुत सारा प्रकाश निकलता है। इस एजेंसी ने 21 दिसंबर 2010 को इसकी रिपोर्ट सरकार को पेश की थी।

अब सवाल ये है कि जब विमान के होने की बात पता चल गई थी तो उसे निकाला क्यों नहीं गया? उसे टाइम वेल में क्यों छोड़ दिया गया? तो हम

आपको बता दें कि टाइम वेल एक ऐसा स्थान होता है जो पूरी तरह से इलेक्ट्रॉनिक मेग्नेटिक वेव से गिरा हुआ होता है। उस जगह की सीमा के भीतर जो भी व्यक्ति कदम रखता है वह दृश्य या पूरी तरह से गायब हो जाता है। वर्ष 2011 में अमेरिकी सेना के शील्स ने इस गुफा में जाकर विमान को निकालने की कोशिश की, लेकिन वह 8 जवान कहां चले गए इस सवाल का जवाब किसी के पास नहीं हैं। अधिकारियों का कहना है कि या तो वह गायब हो गए हैं या फिर मारे गए। इस घटना के बाद रशियन फॉरेन इंटेलिजेंस सर्विस ने इस स्थान और विमान की पड़ताल करने का बीड़ा उठाया। उनका कहना है कि यह विमान महाभारत काल से जुड़ा हुआ है और करीब 5000 वर्ष पुराना है। रूसी एजेंसी द्वारा जारी रिपोर्ट में यह भी कहा गया था कि इस विमान में 4 पहिए हैं और सभी एटम बम से भी ज्यादा ताकतवर हथियारों से लैस हैं। रिपोर्ट के अनुसार जब इस विमान का इंजन शुरू होता है तब इसमें से बहुत तेज प्रकाश भी निकलता है। यह विवरण महाभारत काल से जुड़े दस्तावेजों से मिलता है जिसमें विमान के विषय में जानकारी दी गई है। अमेरिकी सेना का भी कहना है कि जब अमेरीकी सेना के शील्स जवान इस विमान को निकालने का प्रयास कर रहे थे तभी इस गुफा का टाइम वेव सक्रिय हो गया जिसके बाद वे जवान या तो मारे गए या फिर गायब हो गए। उनके मारे जाने की बात पर भरोसा इसलिए नहीं हो पा रहा क्योंकि आज तक उनके शव बरामद नहीं किए जा सके हैं। वैज्ञानिकों की माने तो टाइम वेल आकाशगंगा की तरह होता है जो भी इसके संपर्क में आता है वह अपना अस्तित्व गवां बैठता है जैसे कि वह उस स्थान पर वह कभी गया ही नहीं हो। रूसी एजेंसी द्वारा जारी रिपोर्ट के अनुसार यह भी कहा गया, जब यह स्थान जो इलेक्ट्रॉनिक मैग्नेटिक वेव से घिरा है दोबारा सक्रिय हुई तब करीब 40 लोग इसकी चपेट में आकर गायब हो गए। इनके साथ साथ खोजबीन में लगे जर्मन शेफर्ड कुत्ते भी इसकी तरंग की वजह

से अदृष्य हो गए थे। जानकारों का कहना है कि यह स्थान जिसे हम टाइम वेल कह रहे हैं किसी मंदिर या महल के आकार का हो सकता है। एक अनुमान के अनुसार भारत में विमान संग्रता की रचना भी आज से करीब 5000 साल पहले की गई थी। इस संगता को आधार बनाकर महाराष्ट्र के निवासी शिवर तलपड़े ने विमान के ढांचे की रचना की थी लेकिन अंग्रेजी सरकार द्वारा अनुमति ना मिलने के बाद परीक्षण को बीच में ही रोकना पड़ा था। इसके बाद राइट बंधुओं ने सबसे पहले विमान को हवा में उड़ाने का श्रेय प्राप्त किया। कुछ वर्ष पहले ही चीनियों ने लहासा तिब्बत में संस्कृत में लिखे कुछ दस्तावेजों का पता लगाया था और बाद में इन्हें ट्रांसलेशन के लिए चंडीगढ़ विश्वविद्यालय में भेजा गया था। यूनिवर्सिटी की डॉ0 विभूत रैना ने हाल ही में इसके बारे में जानकारी दी कि यह दस्तावेज ऐसे निर्देश थे जो कि अंतरिक्ष विमानों को बनाने से संबंधित थे। हालांकि इन बातों में कुछ बातें काल्पनिक भी हो सकती हैं लेकिन अगर यह बातें सच निकली तो प्राचीन भारतीय ज्ञान विज्ञान और तकनीक के बारे में ऐसी जानकारियां सामने आ सकती हैं जो आज के जमाने में कल्पना भी हो सकती हैं। रामायण में भी पुष्पक विमान का उल्लेख मिलता है जिसमें बैठकर रावण सीता जी को हर ले गया था। हनुमान जी सीता की खोज में समुद्र पार लंका में उड़कर ही पहुंचे थे। रावण के पास पुष्पक विमान था जिसे उसने अपने भाई कुबेर से हथिया लिया था। राम रावण युद्ध के बाद श्री राम ने सीता, लक्ष्मण तथा अन्य लोगों के साथ सुदूर दक्षिण में स्थित लंका से कई हजार किलोमीटर दूर उत्तर भारत में अयोध्या तक की दूरी हवाई मार्ग से पुष्पक विमान द्वारा ही तय है की थी। रामायण में मेघनाथ द्वारा उड़ने वाले रथ का प्रयोग करने का भी उल्लेख मिलता है। आज भी इन्का सभ्यता के खंडहर हो और पिरामिड के अंदर बनाए गए चित्रों में मनुष्य के पंख दर्शाए गए हैं और उड़नतश्तरी और अंतरिक्ष यात्रियों सरित पोषाखों में लोगों के चित्र बने हैं। इसके अलावा मध्य

अमेरिका से मिले पुरातत्विक अवशेषों में धातु की बनी आकृतियां बिल्कुल आधुनिक विमानों से मिलती हैं। नाचिक की धुंध भरी पहाड़ियों में रहने वाले कुछ समुदाय वहां पाए जाने वाले विशालकाय पंछी पांडोर को पूजते हैं इस क्षेत्र में मिले प्राचीन चित्रों में लोगों को इसकी पीठ पर बैठकर उड़ते हुए दिखाया गया है। इन सभी उल्लेखों में मूल रूप से आकाश में उड़ने वाली बात इतनी बार बताई गई है जिससे विश्वास होता है कि कई प्राचीन सभ्यताएं कोई ऐसी तकनीक आविष्कार कर चुकी थी जिसकी सहायता से वह आसानी से आकाश में उड़ सकती थी। इन सभ्यताओं ने हजारों साल पहले पिरामिड, चीन की दीवार से लेकर झूलते बगीचे जैसी कला के जो नायाब नमूने बनाए थे उसे देखकर इस बात पर कोई आश्चर्य नहीं होना चाहिए उस जमाने में भी इन लोगों ने आकाश में उड़ने वाले विमानों की रचना कर ली थी।

भारत के 5 रहस्मय किलें

भारत को मंदिरों का देश माना जाता है। यहां पर स्थित हर किला और मंदिर किसी न किसी रहस्य से भरे हुए रहते हैं। कई मंदिरों का रहस्य आज तक कोई नहीं जान पाया। वैज्ञानिकों का गहन शोध भी यहां काम नहीं करता। भारत के कई शहरों में आपको रहस्यमयं धाम मिल जाएंगे, जिनका किसी न किसी घटना से संबंध रहता है। इस लेख में आपको भारत के पांच ऐसे रहस्मय किलो के बारे में जानने को मिलेगा, जिनका रहस्य आज तक कोई नहीं सुलझा पाया हैं। इनमें से कुछ किले तो इतने डरावने हैं कि वहाँ इंसान तो क्या परिंदे भी पर नहीं मारते है।

जयगढ़ का किला-

आप तो यह जानते ही होंगे की भारत को सोने की चिड़िया भी कहा जाता था। भारत में कई जगहें ऐसी हैं जहां आज भी अरबों खरबों के कई रहस्मय खजाने हैं। अरावली पर्वत के ऊपर जयगढ़ का किला है इनमें से एक हैं। इस किले के खजाने को निकालने के लिए पूर्व प्रधानमंत्री इंदिरा गांधी ने अपनी पूरी ताकत लगा दी थी। लेकिन यह धन तो मानो एक रहस्य बनकर ही रह गया। जयगढ़ के किले का निर्माण जयसिंह ने करवाया था। कहा जाता है कि किले में आज भी सोना चांदी और रत्नों का खजाना छुपा हुआ है। इतिहास की बात करें तो माना जाता है कि राजा मानसिंह और अकबर के बीच एक संधि हुई थी, इस संधि के अनुसार राजा मानसिंह जिस किसी भी क्षेत्र पर विजय प्राप्त करेंगे, वहां बादशाह अकबर का राज होगा लेकिन वहां से मिले धन संपदा पर राजा मानसिंह का हक होगा। ऐसा बताया जाता है कि युद्धों की जीत में मिले बेहिसाब खजाने को राजा मानसिंह ने किले के तहखाने में छुपा कर रखा था। सत्ता में रही भारत की पूर्व प्रधानमंत्री इंदिरा गांधी को जब खजाने की खबर मिली तो खजाने को हासिल करने के लिए अपनी पूरी ताकत लगा दी थी। खजाने की तलाश में जयगढ़ के किले में 6 महीने तक छानबीन हुई लेकिन इंदिरा गांधी को 6 महीने की मेहनत के बाद भी कोई सफलता हासिल नहीं हुई। इस खजाने के बारे में आज तक किसी को कोई खबर नहीं है यह ख़जाना सिर्फ एक रहस्य मात्र बनकर रह गया है।

असीरगढ़ का किला-

मध्यप्रदेश के बुरहानपुर शहर से लगभग 20 किलोमीटर दूरी पर बसा एक किला है जिसे असीरगढ़ का किला कहते है। यहां एक भगवान षिव का अत्यन्त प्राचीन मंदिर है। यहां रहने वाले लोगों का कहना है कि अश्वत्थामा रोज इस मंदिर में आकर भगवान षिव की पूजा करते है। इतना ही नहीं, कुछ लोगों ने तो

साक्ष्यात अश्वत्थामा को यहां पूजा करते हुए देखा है। असीरगढ़ के किले के बारे में यह मान्यता है कि इस किले पर भूतेश्वर महादेव मंदिर में अश्वत्थामा अमावस्या और पूर्णिमा के दिन शिव की उपासना करने और पूजा करने आते हैं। वह आज भी यहां पूजा करते हैं। माना जाता है कि वे पिछले 5000 सालों से यहां हर अमावस में शिवजी की पूजा करने आते हैं। कहा जाता है कि इस किले में एक जलाशय है जिसका पानी कभी नहीं सूखता। लोगों का मानना है भगवान कृष्ण के श्राप के कारण अश्वत्थामा यहां स्नान करने के बाद पास में स्थित भगवान शिव के मंदिर में पूजा करने के लिए जाते हैं। भगवान शिव का मंदिर तालाब से थोड़ी दूर भूतेश्वर महादेव के नाम से जाना जाता है। मंदिर के चारों और गहरी खाईयां हैं। माना जाता है कि इन खाईयों से किसी एक में गुप्त रास्ता है जो मंदिर से जुड़ा हुआ है।

चित्तौड़गढ़ का किला-

राजस्थान में प्राचीन भारत के कई ऐतिहासिक किले हैं और शाम ढलते ही यह सुनसान हो जाते हैं। चित्तौड़गढ़ के किले के बारे में कहा जाता है यहां दीपावली की आधी रात के बाद प्रेत आत्माओं का दरबार लगता है। इसमें युद्ध में मारे गए राजा महाराजा और सैनिक से लेकर सामंत तक मौजूद होते हैं। पूरे वर्ष भर चित्तौड़गढ़ किले को देखने के लिए दूर-दूर से लोग आते हैं। विदेशों तक इस किले की बनावट और खूबसूरती का जिक्र होता है। किले के एक-एक भाग को बारीकी से देखने और समझने के लिए पर्यटकों की भीड़ लगी रहती है। लेकिन इस किले का एक हिस्सा ऐसा है जहां जाने की हिम्मत कोई नहीं करता। वह चित्तौड़गढ़ किले का जौहर कुंड वहां जाना तो दूर कोई ख्याल में भी उस जगह के बारे में नहीं सोचता। यहां जाने की कुछ लोगों ने कोशिश भी की है लेकिन वह इस कुंड तक पहुंचने में असफल रहे। जौहर कुंड को हांटेड यानी भूतिया नकारात्मक शक्तियों से युक्त माना गया है। इसके पीछे एक बड़ी कहानी है जो प्यार दुश्मनी और एक बड़े बलिदान के बारे में बताती है। चित्तौड़गढ़ जहां अपने भव्य किले के लिए जाना जाता है वहीं यह शहर रानी पदमनी के बलिदान के लिए भी जाना जाता है। राजस्थान में जौहर प्रथा काफी प्रचलित है यह ठीक सती प्रथा की तरह ही है लेकिन इसका प्रयोग तब होता था जब कोई राजा युद्ध में अपने शत्रुओं से युद्ध में शहीद हो जाए और अपनी आन बान एवं सम्मान को बचाने के लिए शत्रुओं के हाथ लगने के बजाय महल की स्त्रियां कुंड की अग्नि में खुद को निछावर कर देती थी। चित्तौड़गढ़ किले के जिस जौहर कुंड में रानी पद्मिनी ने छलांग लगाई थी आज उस कुंड की ओर जाने वाला रास्ता बेहद खौफनाक है। यहां तक की रास्तों की दीवारों में आज भी कुंड की अग्नि की वह गर्माहट महसूस की जा सकती है। जिस किसी ने भी इस कुंड के करीब जाने की कोशिश की है उसे बेहद ही आपत्तिजनक एहसास का सामना करना पड़ा है यह स्थान नकारात्मक शक्तियों से युक्त माना गया है।

शनिवार वाड़ा-

पुणे मराठा साम्राज्य को बुलंदियों पर ले जाने वाले बाजीराव ने 1746 ई0 में एक महल का निर्माण करवाया। जो शनिवार वाड़ा के नाम से जाना जाता है। यह महल पुणे में आज भी मौजूद है। 1818 तक यह पेषवाओं के अधिकार में रहा। 1828 में इस महल में आग लगी और महल का बड़ा हिस्सा आग की चपेट में आ गया। यह आग कैसे लगी यह अपने आप में एक सवाल बना हुआ है, लेकिन बात यहीं तक नहीं रुकती है। स्थानीय लोग कहते हैं कि इस महल में अब भी अमावस्या की रात एक दर्द भरी आवाज आती है। जो बचाओ-बचाओ पुकारती है। यह आवाज उस शख्स की है जिसकी हत्या इस महल में कर दी गई थी। कहते हैं कि हत्या के बाद उसके शव को नदी में बहा दिया गया

था। ऐसी मान्यता है कि बाजीराव के बाद इस महल में राजनीतिक उथल-पुथल का दौर शुरू हो गया था इसी राजनीतिक दांव-पेच और सत्ता की लालच में 18 साल की उम्र में नारायण राव की हत्या इस महल में कर दी गई थी। कहते हैं कि आज भी नारायण राव अपने चाचा राघोबा को पुकारते हैं।

भानगढ़ किला-

भानगढ़ राजस्थान राज्य के अलवर जिले में 16वीं शताब्दी में बनाया गया एक किला है। आजकल यह किला अपनी अनूठी बनावट के बजाय भूतों के होने और अजीबोगरीब घटनाओं के लिए प्रसिद्ध है। आज यह सारा किला भुतहा और विरान है। कभी शान और शौकत के लिए प्रसिद्ध यह किला अब बिल्कुल उजाड़ हो चुका है। यहां कोई नहीं रहता, पर आज भी लाखों की तादाद में हर साल सैलानी यहां घूमने आते हैं। ज्यादातर लोग इस किले का नाम सुनते ही

डर जाते हैं क्योंकि यह किला मोस्ट हॉन्टेड प्लेस में से एक है। स्थानीय लोगों का मानना है कि किले से अजीबोगरीब आवाजें आती हैं। साथ ही यहां कभी-कभी घुंघरू बजने की आवाजें आती हैं। भानगढ़ के किले के इस खंडहर को भारतीय पुरातत्व के द्वारा संरक्षित किया गया है।

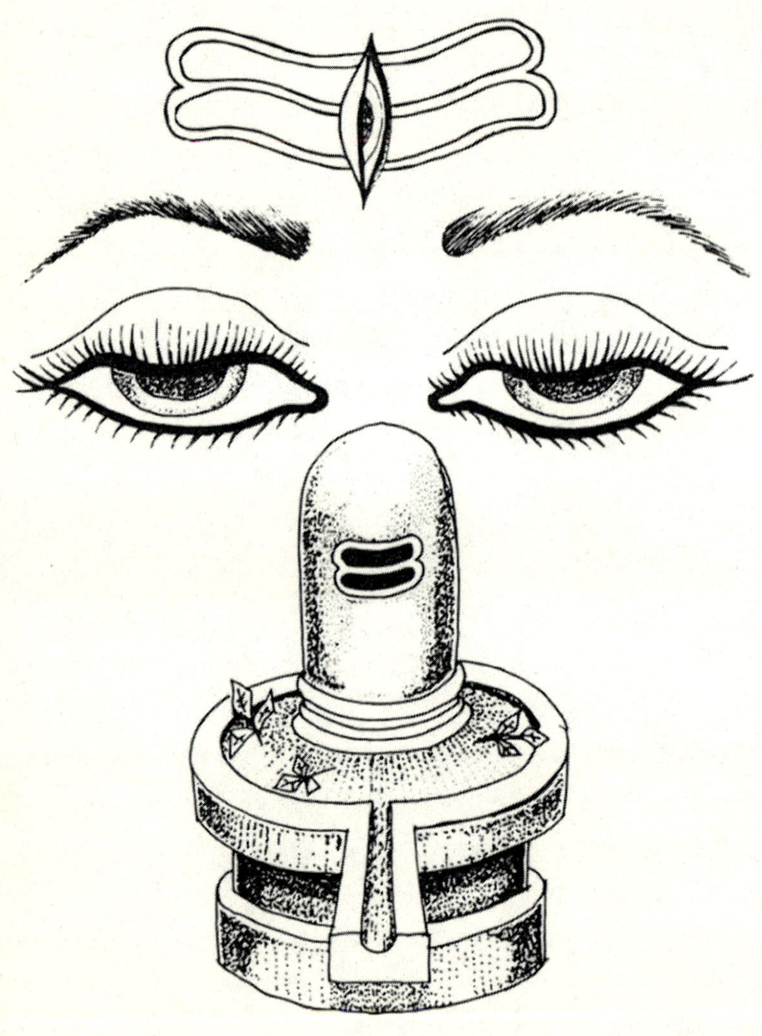

महादेव के इस मंदिर में पूजा करना मना है

भारत में अनेकों प्राचीन मंदिर हैं और सभी मंदिरों में अनेकों रहस्य छुपे हुए हैं। भगवान शिव को समर्पित कैलाश मंदिर हमारे गौरवशाली और अति विकसित इतिहास के प्रमाण के रूप में हजारों वर्षों से स्थित है। शायद आपको लगता होगा कि आज से हजारों साल पहले आज जितनी विकसित टेक्नोलॉजी का होना असंभव है। लेकिन आज से हजारों साल पहले हमारे पूर्वजों ने आज के जमाने से कई गुना ज्यादा एडवांस टेक्नोलॉजी का आविष्कार कर लिया था।

एलोरा में स्थित कैलाश मंदिर प्राचीन मंदिरों में से एक है जिसकी बनावट और कुशल कारीगरी को देखकर वैज्ञानिक भी अपने दांतो तले उंगलियां दबाने पर मजबूर हो जाते हैं। कैलाश मंदिर संसार में अपनी अनूठी बनावट के लिए प्रसिद्ध है जिसे राष्ट्रकूट वंश के नरेश कृष्ण प्रथम ने बनवाया था। यह मंदिर एलोरा की 34 गुफाओं में से एक है। ऐसा माना जाता है कि इस विशालकाय शिव मंदिर को बनकर तैयार होने में करीब 150 साल लगे और करीब 7000 मजदूरों ने लगातार इस पर काम किया। इस मंदिर का आकार कैलाश पर्वत से मिलता है इसलिए इसे कैलाश मंदिर कहा जाता है। इस मंदिर का सबसे बड़ा रहस्य इसकी बनावट हैं क्योंकि किसी मंदिर या भवन को बनाते समय पत्थरों के टुकड़े को एक के ऊपर एक जमाते हुए बनाया जाता है। कैलाश मंदिर बनाने में एकदम

अनोखा ही तरीका अपनाया गया। यह मंदिर एक पहाड़ के शीर्ष को ऊपर से नीचे काटते हुए बनाया गया है जैसे एक मूर्तिकार एक पत्थर से मूर्ति तरषता है वैसे ही एक पहाड़ को तराषते हुए यह मंदिर बनाया गया। यह मंदिर 90 फीट ऊंचा 250 फीट लंबा और 154 फीट चौड़ा है। यह मंदिर दुनिया भर में एक ही पत्थर की शिला से बने हुए सबसे बड़ी मूर्ति के लिए प्रसिद्ध है। पत्थर काट-काट कर खोखला करके मंदिर, खंबे, द्वार, नक्काशी आदि बनाई गई। क्या अद्भुत डिजाइनिंग और प्लानिंग की गई होगी। इसके अतिरिक्त बारिश के पानी को संचित करने का सिस्टम, पानी बाहर करने के लिए नालियां, मंदिर टावर और पुल महीन डिजाइन से बने खूबसूरत छज्जे, बारीकी से बनी सीढ़ियां, गुप्त अंडरग्राउंड रास्ते आदि सब कुछ पत्थर को काटकर बनाना सामान्य बात नहीं है। आज के वैज्ञानिक और शोधकर्ता अनुमान लगाते हैं कि इस मंदिर को बनाने के दौरान करीब 400000 टन पत्थर काटकर हटाया गया होगा इस हिसाब से अगर 7000 मजदूर 150 वर्ष तक काम करें तब यह मंदिर पूरा बना होगा। लेकिन ऐसा बताया जाता है कि कैलाश मंदिर इससे काफी कम समय मात्र 17 वर्ष में ही बनकर तैयार हो गया। उस काल में जब बड़ी क्रेन जैसी मशीनें और कुशल औजार नहीं होते थे इतना सारा पत्थर कैसे काटा गया होगा और मंदिर स्थल से हटाया कैसे गया होगा? यह रहस्य दिमाग घुमा देता है। क्या किसी तकनीक या एलियन टेक्नोलॉजी का प्रयोग करके यह मंदिर बनाया गया? कोई नहीं जानता। मगर देखकर तो ऐसा ही लगता है। आज तक इस मंदिर में कभी पूजा किए जाने का प्रमाण नहीं मिला। आज भी इस मंदिर में कोई पुजारी नहीं है यहां कोई नियमित पूजा पाठ का सिलसिला नहीं चलता। यह बात भी बहुत हैरान करने वाली है कि इतने बड़े शिव मंदिर को पूजा करने के लिए नहीं बनाया गया तो किस लिए बनाया गया होगा?

एलोरा की गुफा नंबर 16 यानी कैलाश मंदिर सबसे बड़ी गुफा है जिसमें सबसे ज्यादा खुदाई का कार्य किया गया। माना जाता है कैलाश मंदिर को राष्ट्रकुट राजा कृष्ण प्रथम ने बनवाया था। इसके अतिरिक्त इस मंदिर को बनाने का क्या उद्देश्य था और इसे बनाने में कौन सी टेक्नोलॉजी का इस्तेमाल किया गया था इसके बारे में कोई जानकारी उपलब्ध नहीं है। इस मंदिर के दीवारों पर उत्कृष्ट लेख बहुत पुराना हो चुका है एवं लिखी हुई भाषा को कोई पढ़ नहीं पाया है। आज के समय में ऐसा मंदिर बनाने के लिए सैकड़ों ड्राइंग्स 3डी डिजाइन सॉफ्टवेयर छोटे मॉडल्स बनाकर उसकी रिसर्च सैकड़ो इंजीनियर कई हाई क्वालिटी कंप्यूटर की आवश्यकता पड़ेगी। उस काल में यह सब कैसे सुनिश्चित किया गया होगा, कोई जवाब नहीं है। सबसे बड़ी बात तो यह है कि आज इन सब आधुनिक टेक्नोलॉजी का प्रयोग करके भी शायद ऐसा दूसरा कैलाश मंदिर बनाना असंभव ही है। इसलिए इस मंदिर को देखकर ऐसा लगता है कि यह किसी एलियन सभ्यता के द्वारा अति विकसित एलियन टेक्नोलॉजी का इस्तेमाल करके बनवाया गया होगा और यह मंदिर अगर इंसानों द्वारा बनाया गया है तो इससे यही पता चलता है कि हजारों साल पहले की टेक्नोलॉजी आज की टेक्नोलॉजी से कई गुना ज्यादा एडवांस रही होगी।

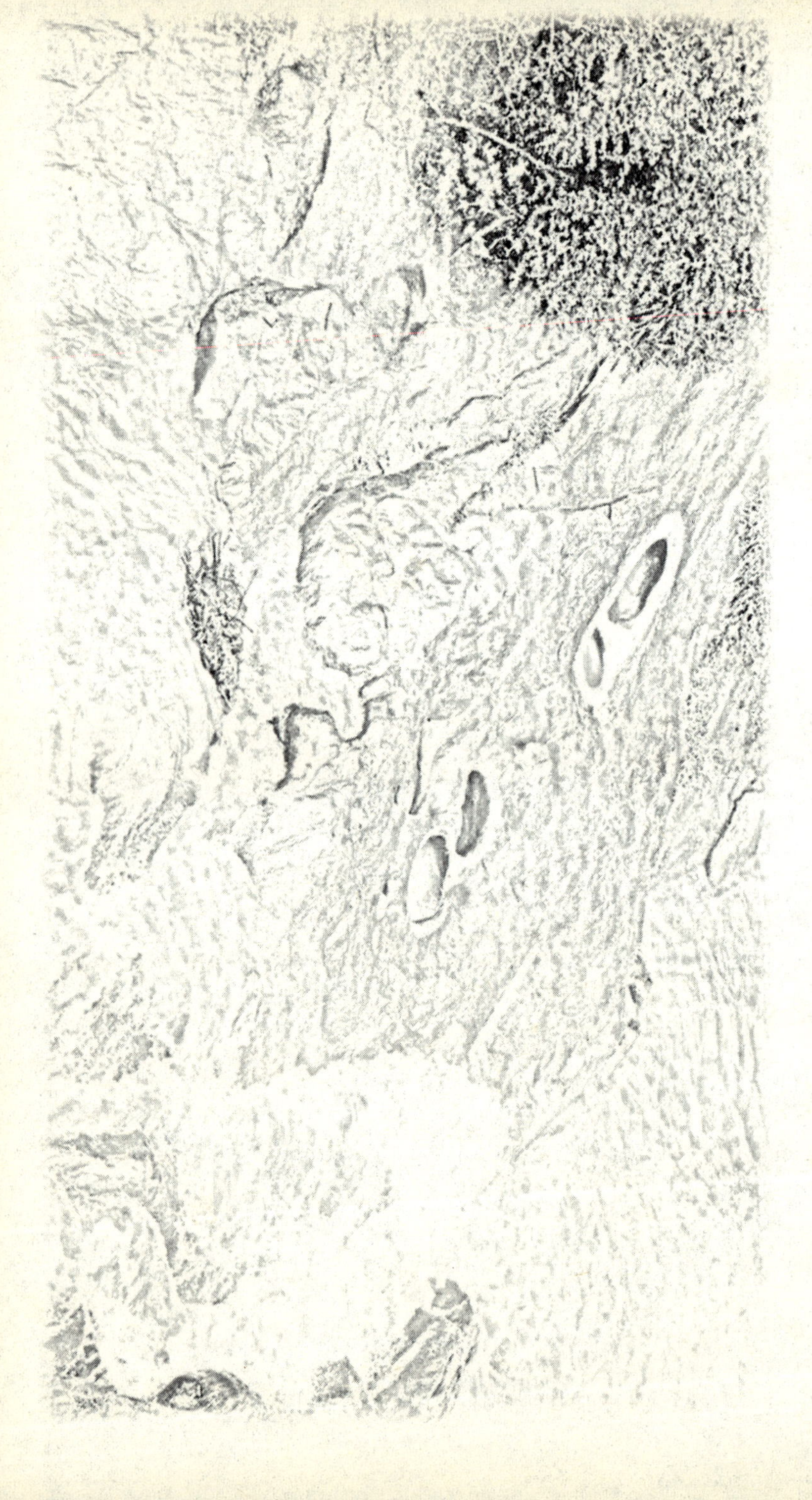

श्रीलंका मे मिलें रामायण के पाँच सबूत

24000 श्लोकों वाला रामायण जिसे आदि कवि वाल्मीकि ने आज से 5000 वर्षों पहले लिखा था। भारतीय इतिहास का एक प्रमुख ग्रंथ है। हमें पुस्तकों में जो इतिहास पढ़ने को मिलता है वह मात्र 2500 ई0 पूर्व तक का ही होता है। इसका कारण यह है कि इतिहासकारों और शोधकर्ताओं ने रामायण और महाभारत को कभी इतिहास के रूप में देखा ही नहीं। वह इन्हें केवल काल्पनिक कहानियां ही मानते रहे हैं। अंग्रेजी इतिहासकारों ने जब भारत का इतिहास लिखा, तब उन लोगों ने प्राचीन पौराणिक घटनाओं को केवल एक काल्पनिक कथा मानकर इतिहास से अलग कर दिया। जो अंग्रेजों द्वारा लिखा गया वहीं भारत का अधूरा इतिहास आज भी स्कूलों में पढ़ाया जाता है। इसी कारण आज के भारतीय युवा और अनेकों लोग अपने गौरवशाली इतिहास को केवल कल्पना मानते हैं। इस लेख में आपको रामायण काल से जुड़े वैज्ञानिक तथ्यों पर आधारित ऐसे सबूतों के बारे में जानने को मिलेगा। जिससे यह साबित हो जाएगा कि रामायण कोई कथा मान्यता या झूठी रचना नहीं है बल्कि उसमें लिखी गई हर घटना एकदम वास्तविक घटना है। भगवान श्री राम की कहानी महार्षि वाल्मीकि ने श्रीराम के अयोध्या का राजा बन जाने के बाद लिखी थी महर्षि वाल्मीकि एक कवि के साथ-साथ एक महान खगोल शास्त्री भी थे। उन्होंने श्रीराम के जन्म के समय के ग्रह नक्षत्रों की स्थिति का जो वर्णन किया

है उसके आधार पर वैज्ञानिकों ने एक जटिल गणना करने के बाद श्रीराम के जन्म दिवस और जन्म के समय का पता लगा लिया। इस गणना को करने के लिए प्राइम टैनियम नामक सॉफ्टवेयर का इस्तेमाल किया गया। जिसका इस्तेमाल नासा और बड़े बड़े वैज्ञानिक संस्थानों में किया जाता है। श्रीराम के जन्म की गुत्थी को सुलझाने वाली वैज्ञानिकों की कमेटी ने भारत के महान वैज्ञानिक एपीजे अब्दुल कलाम भी शामिल थे।

इस रिसर्च के बाद वैज्ञानिकों ने यह साबित कर दिया कि श्रीराम का जन्म 10 जनवरी 5114 ई0 पूर्व दोपहर में हुआ था। इस आंकड़े के अनुसार भगवान श्रीराम का जन्म आज से 7121 वर्ष पूर्व हुआ था। यह बहुत बड़ा सबूत है जो रामायण के वास्तविक होने का पहला प्रमाण है। रावण की सोने की लंका के बारे में भला कौन नहीं जानता होगा? रामायण के अनुसार रावण के इन महलों को हनुमान जी ने अपने पूछ में लगी आग से जला दिया था। रावण के जले हुए इन महलों के अवशेष श्रीलंका में आज भी देखने को मिलते हैं। इन महलों की कार्बन डेटिंग करने के बाद पता चला कि यह महल लगभग 7000 साल पुराने हैं। गुमला जिले में बालकुंड प्रखंड का प्राचीन नाम कोन्काकुंड है। यह जगह झारखंड-बिहार सहिम आसपास के राज्यों का प्रमुख धार्मिक स्थल है यहां आज भी प्राचीन पर्वत ऋषिमुख है। ऋषिमुख पर्वत पर ही वह कमरा है जहां राजा बलि से डरकर सुग्रीव छुप गये थे। यह गुफा आज सुग्रीव गुफा के नाम से प्रसिद्ध है। साथ ही यहां कई ऐतिहासिक अवशेष भी मौजूद हैं। यह गुफा पहले से काफी सक्रिय हो गई है पहाड़ पर बनी यह गुफा आज भी रामायण काल की कहानी को बयान करती है।

अशोक वाटिका लंका में स्थित है जहां रावण ने सीता को हरण करने के बाद बंधक बनाकर रखा था। ऐसा माना जाता है कि एरिया पर्वत क्षेत्र की एक गुफा

में सीता माता को रखा गया था। जिसे सीता एलिया नाम से जाना जाता है। यहां सीता माता के नाम पर एक मंदिर भी है वहीं पर हनुमान जी ने निशानी के रूप में राम की अंगूठी सीता को सौंपी थी। आज भी अशोक वाटिका में हजारों अषोक वृक्ष हैं और इन्हीं अशोक वृक्षों के कारण इसे अशोक वाटिका के नाम से जाना जाता है।

राम सेतु जिसे अंग्रेजी में एडमस ब्रिज भी कहा जाता है। तमिलनाडु के दक्षिण पूर्वी तट के किनारे रामेश्वरम द्वीप तथा श्रीलंका के उत्तरी पश्चिमी तट पर मन्नार द्वीप के मध्य चुना पत्थर से बनी एक श्रृंखला है। भौगोलिक प्रमाणों से पता चलता है कि किसी समय यह सेतु भारत तथा श्रीलंका को भू मार्ग से आपस में जोड़ता था। यह पुल करीब 18 मील यानी कि 30 किलोमीटर लंबा है ऐसा माना जाता है कि रामसेतु 15वीं शताब्दी तक पैदल पार करने योग्य था लेकिन एक चक्रवात के कारण यह पुल अपने पूर्व स्वरूप में नहीं रहा। राम सेतु तब एक बार फिर सुर्खियों में आया था जब नासा के उपग्रह द्वारा लिए गए चित्र मीडिया में सुर्खियां बने थे। राम सेतु रामायण कालीन एक बहुत बड़ा प्रमाण है। जिससे कि यह साबित होता है कि वाल्मीकि द्वारा लिखी गई रामायण वास्तविक थी। श्रीलंका में रामायण अनुसंधान कमेटी ने रावण के रामायण कालीन 4 हवाई अड्डों को खोज लिया है। पिछले 9 वर्षों में यह कमेटी श्रीलंका का कोना कोना छान रही थी जिसके तहत कई छोटी-छोटी जानकारियां व अवशेष भी मिलते रहे, परंतु पिछले 4 सालों में श्रीलंका के दुर्गम स्थानों में की गयी खोजों के दौरान रावण के चार हवाई अड्डे हाथ लगे हैं। कमेटी के अध्यक्ष अशोक कैंट का कहना है कि रामायण में वर्णित लंका वास्तव में श्रीलंका ही है जहां उषान घोड़ा, गुरू लोक पोथा, तोलुक कुला कन्दा तथा वरियाल कोला नामक चार हवाई अड्डे मिले हैं। उषान घोड़ा रावण

का निजी हवाईअड्डा था तथा जिसका रंग लाल है, इसके आसपास की जमीन कहीं काली तो कहीं हरी घास वाली है। जब हनुमान जी सीता की खोज में लंका गए तो वहां से लौटते समय उन्होंने रावण के निजी उषान घोड़ा को भी नष्ट कर दिया था। रामायण काल से जुड़े इन प्रमुख सबूतों के मिलने के बाद अब वैज्ञानिक भी इस बात को मानने लगे हैं कि रामायण में जिन चीजों का उल्लेख किया गया है वह सभी वास्तविक हैं।

इन सबूतों के अलावा और भी अनेकों सबूत मिले हैं जो रामायण की वास्तविकता को प्रमाणित करते हैं। जब धरती के अधिकांश जगहों पर ठीक से सभ्यता का विकास भी नहीं हुआ था, उस समय भारत में अनेकों ग्रंथों की रचना हो चुकी थी। आज भी वेदों को दुनिया की सबसे पहली पुस्तक के रूप में जाना जाता है यह भारत देश का दुर्भाग्य है कि अधिकांश लोग पौराणिक ग्रंथों में लिखी हुई बातों को केवल कपोल कल्पना ही मानते हैं लेकिन पूरी दुनिया में जिस तरह भारत के प्राचीन इतिहास के सबूत मिल रहे हैं उसे देख कर ऐसा लगता है कि वह दिन दूर नहीं जब पूरी दुनिया भारत की महानता के आगे नतमस्तक होगी।